돈 버는 능력을 키우는 부자 되기 최단 루트

10배 버는 힘

(개정판)

돈 버는 능력을 키우는 부자 되기 최단 루트
10배 버는 힘(개정판)

개정판 1쇄 인쇄 2025년 5월 21일
개정판 1쇄 발행 2025년 6월 6일

지은이 박서윤 강환규

발행인 백유미 조영석
발행처 (주)라온아시아
주소 서울특별시 서초구 방배로 스파크플러스 3F

등록 2016년 7월 5일 제 2016-000141호
전화 070-7600-8230   **팩스** 070-4754-2473

값 21,000원
ISBN 979-11-6958-211-7   (13320)

※ 라온북은 (주)라온아시아의 퍼스널 브랜드입니다.
※ 이 책은 저작권법에 따라 보호받는 저작물이므로 무단전재 및 복제를 금합니다.
※ 잘못된 책은 구입하신 서점에서 바꾸어 드립니다.

라온북은 독자 여러분의 소중한 원고를 기다리고 있습니다. (raonbook@raonasia.co.kr)

10배 버는 힘

'10배 버는 힘'에서 '16배 버는 힘'으로

박서윤 강환규 지음

프롤로그

'10배 버는 힘'에서 '16배 버는 힘'으로!

 '딩동, 딩동, 딩동' 3일째 연속해서 회사 통장에 몇백만 원 단위의 입금액이 찍혔다. 11년 전만 해도 이 알림음을 듣고 싶어서 얼마나 전전긍긍했던가.
 5천 원 (우리 부부가 운영 중인 독서 모임 '프리덤 그라운드(구 타이탄 북클럽)'의 참가 비용은 10년째 5천 원이다.)이라도 입금되면 안도의 한숨이 나오던 그 시절을 버티고 버텨 어느새 지금의 우리가 되었다는 사실에 문득 감사한 마음과 함께 감회가 새로웠다.
 11년 전 봄은 우리 부부에게 혹독한 겨울과 다를 바 없었다. 시도 때도 없이 경고등을 울려대던 통장 잔액과 함께 우리를 괴롭히던 스스로 무자비하게 깎아내리던 내면의 목소리들, 냉혈한 같은 세상에서 길랑바레 증후군에 걸린 아들을 지켜낼 최소한의 돈이 없어서 실오라기 같은 희망을 찾아 전전긍긍해야 했던 시간들…. 모든 것이 악몽이길 바랐지만 매일 눈 뜨면 시작되는 무시무시한 하루가 지날 때마다 일어나지도 않은 일들을 두려워해야 했던 시간들은 바닷물의 표면을 꽝꽝 얼려버린 매서운 겨울바람처럼 시렸다.

혹독했던 그 긴 과정을 지나며 우리 부부는 인생에서 누구에게도 배우지 못할 깨달음들을 보상받았다.

첫 번째 깨달음은 끝날 때까지 끝나지 않는 것이 인생이라는 것을 알게 된 것이다. 만약 오늘의 내가 11년 전으로 돌아가 다시 하루를 살아야 한다면 이제 전혀 고민하지 않아도 될 한 가지가 있다. 그것은 바로 '이대로 끝나는 거 아니야?'라는 무지한 걱정은 절대 할 필요가 없다는 것이다.

우리 부부는 이제 인생의 반전이 시작되는 곳이 바로 그 지점이라는 것을 안다. 끝난 것 같았던 인생이 끝이 아니라 새로운 시작이었다는 말이다. 인생은 결코 쉽게 무너지지 않는다. 꽝꽝 얼어버린 것 같은 인생도 결국 얼음이 녹아버리는 순간이 온다. 그러니 이 책을 읽는 사람이라면 절대 함부로 '포기'라는 말을 쓰지 말자. 반전의 묘미를 끝까지 밀고 나가는 힘! 성공으로 가는 비결은 그 한 끗 차이에 있었다. 우리 부부 역시 그 한 끗 차이로 인생의 반전이 일어났다.

"끝날 때까지 끝난 게 아니다. 단지 새로운 시작점이 될 뿐이다."

두 번째 깨달음은 '부'는 가장 마지막으로 결승선을 통과한다는 것을 알게 된 것이다. 나는 달리기를 잘 못해서 항상 꼴찌를 면치 못하는 달리기 낙제생이었다. 내 옆에서 동시에 달리던 친구들이 이미 앞질러 간 뒤에도 한참을 달려야 했다. 열심히 달리는 중에 들려오는 것은 친구들의 비웃음 소리 반, 응원 소리 반이었다. 달리기 라인에 나 외에 아무도 남아 있지 않다는 것을 느낄 때면 얼굴이 후끈거릴 정도로 부끄러운 것은 언제나 내 몫이었다. 그럼에도 불구하고 나는 항상 결승선을 통과하는 아이였다. 비록 '꼴찌'라는 타이틀을 받긴 했지만 낙오자는 아니었다.

그런 습관 때문이었을까?

성인이 된 뒤에도 '인생에 낙오란 없다.'란 마음으로 꾸준히 달려왔다. 그렇게 10여 년을 달려온 뒤에야 조금씩 '돈'을 버는 능력이 좋아지기 시작했다. 10여년을 쉼 없이 달려오는 동안 매달 비슷한 수준의 돈을 벌다가 어느 순간 갑자기 몇 배 이상의 돈을 벌게 된 티핑 포인트의 순간들이 있었다. 그때 직감했다. '부를 얻는 것은 순차적으로 일어나지 않고, 급작스럽게 변화되는구나!'라는 것을 말이다.

결국, 꼴찌라도 결승선까지 반드시 달려가던 그 아이는 돈을 많이 벌지 못할 때도 오직 결승선을 향해 꾸준히 달려간 덕분에 10배의 부를 얻게 되었다. 결승선은 한 곳만 있는 것이 아니었다. 계속해서 더 높은 결승선을 만들어 낸 후 통과할 때까지 끝까지 가다 보면 어느새 버는 능력도 임계점을 돌파한다는 것을 알게 되었다. 2배가 아니라 10배 같은 큰 부는 결승선을 힘겹게 통과하는 순간이 되어서야 흘러들어왔다. 돈을 잘 벌고 싶어서 시작한 성공의 경주를 몇 m 달려가다 돈이 왜 안 모이냐고 하는 것은 낙오자가 되겠다는 말과 같다. 돈은 결승선을 통과한 자에게만 들어온다는 것을 알려주고 싶다.

　마지막 세 번째 깨달음은 '타이밍이 올 때까지 기다리는 인내심' 이야말로 부를 이루는 해답이라는 것을 알게 된 것이다. 만약 인생의 타이밍이 존재한다는 것을 알았다면 나는 멈춰야 할 때와 달려야 할 때를 잘 알고 분별했을 것이다. 하지만 난 무작정 달리기만 했다. 마치 브레이크가 고장 난 자동차처럼 끝없이 달리다 보니 남는 것은 돈에서 멀어지는 충돌과 충격뿐이었다.

　이제는 안다. 엄청난 사고력과 행동력, 집중력을 모아두었다가 타이밍이 될 때마다 포텐을 터뜨려야 부가 따라온다는 것을 말이다. 겨울에는 겨울잠을, 봄에는 기지개를 켜는 것을 아는 것만으로도 이미 부자가 될 운명으로 갈아탄 것과 다름없다.

　지독하리만큼 추운 가난의 겨울을 보내며 깨달은 이 성공의 법칙을 마음에 새기고 인생의 운전대를 잡아보니 인생이 한결 짜릿하고 흥미롭다.

　인생의 겨울을 온몸으로 맞은 지 11년 차…. 지금은 계절의 의미로 다가온 봄뿐만 아니라 인생의 봄이 찾아왔음을 온몸으로, 피부로, 세포 구석구석 체감 중이다.

　이제 좀 천천히 여유 있게 갈 만도 한데 11년간 살아남기 위해 달려온 가속도의 법칙은 이미 우리 부부의 몸과 마음, 정신세계에 고스란히 물들어 하나의 인생 철학이 되었다. 그렇게 10배 벌어본 우리 부부는 어느덧 16배를 버는 인생의 주인공이 되었다.

　아직 여전히 배가 고프다. 이제는 우리 부부의 인생 기록을 깨고 새로운 10배, 16배의 부를 이루는 주인공이 점점 더 많이 나타나 주길 바라기 때문이다. 그 이유 덕분에 5년 전 출간된 후 스테디셀러에 오른 《10배 버는 힘》 개정판 재계약 제안이 왔을 때 흔쾌히 수락한 계기가 되었다.

《10배 버는 힘》은 내 이름으로 출간을 했지만, 개정판에는 남편과 나를 공동 저자로 하기로 했다. 10배의 부를 이루게 해 준 것은 사실 남편과 나의 환상적인 콜라보 작품이었기 때문이다. 가난의 터널을 빠져나오는 매 순간 우리의 시너지는 상상을 초월했다. 아마 우리 부부를 직접 만나본 사람들은 내가 어떤 말을 하는지 잘 알 것이다.

앞으로도 우리 부부의 성장 스토리는 계속될 것이다. 이 책을 읽는 동안 당신의 내면에 잠들어 있던 거대한 부를 찾을 잠재력과 능력이 고스란히 발휘되길 간절히 바라며 개정판에는 이전에 없던 성공의 비밀들을 훨씬 더 많이 담았다.

당신에게 10배 그 이상의 큰 부를 되찾아 줄 4가지 부스터!

'저항력, 행동력, 영업력, 영향력'이 장착되어 성공의 날개가 활짝 펼쳐지길 바라며 이제 이 책을 차근차근 읽고 실행해 나가자!

행동력의 신 박서윤 (소피노자)
영업력의 신 강환규

프롤로그 '10배 버는 힘'에서 '16배 버는 힘' 으로! • 004

1장_Success
10배 큰 성공을 향해 나아가는 슈퍼스타의 탄생

1. 내 인생 브레이크가 풀린 날 • 017
2. 당신의 성공이 가장 잘 보이는 곳 • 021
3. −10에서 x10 인생으로 바뀐 비밀 • 025
4. 성공의 길을 안내하는 세 개의 문 • 030
5. 이게 진짜 현실이 된다고? • 037

2장_Challenge
10배 빠른 추월차선으로 갈아타는 슈퍼 마인드

1. 불운을 몰고 다니는 사람들의 3가지 특징 • 049
2. 96퍼센트는 없고, 4퍼센트는 있는 '이것' • 055
3. 의도적 차단이 가져올 무제한의 자유 • 061
4. '돈 잃는 인생'과 돈 읽는 인생'의 차이 • 066
5. 돈의 주인에게만 주어진 특권 • 071

3장_Future
10배 큰 모멘텀을 만드는 슈퍼 비전

1. 노력보다 중요한 것 · 079
2. 인생의 변수를 다스리는 '4초' · 085
3. 언제까지 과거에 머무를 것인가 · 091
4. 하루 중 가장 비싼 시간 · 096
5. 돈이 쌓이는 구조의 비밀 · 101
6. 모든 인생에 존재하는 세 가지 줄 · 106

4장_Mind
10배의 부를 안겨줄 최적화 프로세스 / 슈퍼 사이클 1 : 저항력

1. 끊임없이 돈이 붙는 사람의 비밀 · 117
2. 부자의 매뉴얼 : 주.인.공 프로젝트 · 123
3. 아마추어와 프로의 결정적 차이 · 130
4. 10배의 부로 향하는 6단계 삶의 이정표 · 136
5. 가장 확실한 성공의 기준 · 143
6. 전략적 포기자가 되어야 하는 이유 · 149

5장_Action
10배의 부를 안겨줄 최적화 프로세스 /
슈퍼 사이클 2 : 행동력

1. 기업가 마인드로 인생의 모멘텀 만들기 · 157
2. 10배 성공으로 가는 실행의 특이점 · 165
3. 10배 목표를 이뤄 줄 슈퍼 루틴! 모닝 퓨처 · 171
4. 부자가 될 수밖에 없는 사람의 특징 · 190
5. 스스로 증명해 본 기회를 행운으로 바꾸는 법 · 196
6. 책 3,000권 읽고 깨달은 성공 독서의 비밀 · 201

6장_Connection
10배의 부를 안겨줄 최적화 프로세스 /
슈퍼 사이클 3 : 영업력

1. 강렬하고 은밀하게 10배의 부를 부르는 매력자본의 힘 · 213
2. 큰 돈 버는 기회를 만드는 SNS 글쓰기 전략 프로세스 · 218
3. 10배 큰 부를 벌어 본 부자들만 아는 '가시화'의 힘 · 226
4. 세일즈 능력과 관계 우선의 과학적 방법 · 230
5. 인간의 4가지 유형 그리고 황금 사과의 법칙 · 235

7장_Influence
10배의 부를 안겨줄 최적화 프로세스 / 슈퍼 사이클 4 : 영향력

1. 부자로 가는 지름길 '6C' 법칙 • 247
2. 저자가 되어 압도적 진입장벽을 만들어라 • 252
3. 영향력이 무한대로 커지는 정체성 효과 • 258
4. 세상 모든 부자들의 공통 키워드는 '이것' • 263
5. 영향력의 최소 기준, 숫자 1,000! • 268
6. 단면적인 삶보다 입체적인 삶이 성공하는 이유 • 273

8장_Peoples
10배 버는 힘으로 슈퍼 사이클을 만들어 낸 사람들

1. 행동력으로 10배 빠르게 운명을 바꾼 남자 • 280
2. 누구보다 행동력 강했던 성형외과 의사가 행동력을 통해 깨달은 한 가지 • 283
3. 30억 자산을 이룬 비밀은 성장 마인드 셋 그리고 행동력 • 287
4. 영업 꼴지 지점을 전국 1등 지점으로 바꾼 리더의 비밀 • 290
5. 월급쟁이에서 파이프라인 창출 달인 사업가로 만들어 준 행동력의 기적 • 292

에필로그 다시 선택의 순간이 찾아왔다. 당신의 선택은? • 296

1

Success

10배 큰 성공을 향해 나아가는 슈퍼스타의 탄생

●

성공한 사람이 될 수 있는데
왜 평범한 이에 머무르려고 하는가.
- 베르톨트 브레히트

내 인생 브레이크가 풀린 날

성공이 내 곁에 없었던 이유

••••

　삶에 세렌디피티(serendipity, 의도하지 않게 발견한 좋은 성과나 경험)가 존재한다는 것을 믿게 된 순간은 두 손에 절망 이외엔 남아 있지 않다는 사실을 인지했을 때였다. 이전까지 나는 내가 삶에 최선을 다하기만 한다면 인생의 찬란한 보상이 절로 주어질 것이라 믿었다. 그래야 삶 속에서 희망이라는 단어가 유효한 것이니까.

　하지만 남편의 실직, 첫 아이에게 갑작스레 찾아온 자가면역질환, 3억 5천만 원의 빚만 남은 통장 등 모든 사건이 연이어 터지면서 나는 희망을 잃어버렸다. 온기라고는 찾을 수 없도록 잔인한 인생의 시련 앞에 무릎을 꿇어야 했다. 이 모든 사건을 되돌려 이전으로 돌아갈 수만 있다면 무엇이든 하고 싶었다.

앞으로 어떤 일들이 더 폭풍처럼 번져나갈지 눈앞이 아득했다. 어쩌면 내 인생 이대로 낭떠러지를 향해 나아가는 것은 아닐까 하는 생각이 들었다. 순간 모든 것을 멈추고 싶었다. 나는 매일 TV 예능 프로그램을 보며 한숨 섞인 짜증과 폭식 등으로 하루를 망가뜨리고 있었다. 더 나락으로 떨어져야 신이 내 손이라도 잡아주지 않을까 하는 착각에 사로잡힌 채 말이다. 그렇게만 된다면 지금과는 다른 모습의 나로 다시 태어날 수 있겠지, 설마 내가 죽도록 내버려 두기야 하겠어 하는 쓸데없는 위로에 빠져 현실 따위는 돌보지 않고 살았다.

그렇게 1년 가까이 지내다 보니 몸이 먼저 살려달라고 신호를 보내왔다. 지속적 폭식과 하루 세끼를 라면 같은 인스턴트 음식으로 때우다 보니 아침마다 몸이 말을 듣지 않았다. 몸이 망가지니 정신도 따라 망가지기 시작했다. 나는 스스로 피해자로 여기고 다른 사람들을 탓하고 비난하기 시작했다. 자존심만 강해서 다른 사람에게 도와달라는 말도 못 하고, 혼자서 시름시름 앓는 1년을 보냈다. 그나마 다행인 것은 방황의 시간이 그리 길지 않았다는 것이다.

삶에서 행운이 온다는 것이 삶을 포기한 사람에게는 먼 이야기라는 사실을 왜 몰랐을까? 왜 나에게 스스로 인생을 만들어낼 수 있는 용기와 능력이 있다는 사실을 알면서도 시도할 생각조차 하지 못하며 살았을까?

인생 쓰나미에서 탈출을 결심하다.

․․․․

어느 날 아침, 무거워진 눈꺼풀을 뜨거운 아침 햇살이 응시하는 순간, 심한 공포감이 밀려왔다. 나 스스로를 절벽 아래로 자꾸 떠밀고 있다는 생각에 순간 정신이 번쩍 들었다. 이대로 가다간 절벽 끄트머리에 서 있는 나를 곧 발견하게 될 터였다. 나만 추락하면 그나마 다행이었다. 무책임한 나로 인해 함께 실패의 쓰나미에 휩쓸려 가야 하는 우리 아이들은 무슨 영문인지도 모른 채 당하기만 한다는 생각이 드니 스스로에게 밑도 끝도 없는 분노와 화가 치밀어 오르기 시작했다. 더 이상 인생 쓰나미에 스스로 자폭하는 것을 멈춰야 했다. 그때 나는 결심했다. 인생의 패배자에서 내 인생 책임자가 되기로 말이다.

피해의식으로 가득 찼던 과거를 버리고 책임지기 위해 내 삶에서 반드시 해야 할 일들을 하나둘씩 채워보기로 했다. 나의 하루가 무심코 내뱉은 말에 상처받지 않도록 내 인생을 열렬히 사랑해보기로 했다.

생각하고 말하고 행동하는 모든 것들에 생기를 불어넣고, 유의미한 것들로 가득 채우기로 마음먹은 순간, 초록 불을 켰다. 더 이상 낭비, 시련, 아픔, 좌절, 미움의 빨간불 단어들과 친해지면 안 될 것 같아 발바닥 밑으로 던져버렸다. 대신 비전, 용기, 자유, 사랑, 성공의 초록불 단어들을 내 인생에 하나씩 주워 담았다.

가끔 빨간불이 켜질 땐 그대로 잠시 멈추었다. 멈추면 비로소 보인다고 했는데 멈춰보니 그간 내 인생이 얼마나 최악이었는지 깨달았다.

벌에 쏘인 사람처럼 여기저기 들쑤셔져 있는 내 인생에 회의감이 밀려왔다. 처음에는 의도적 노력을 하는 것이 정말 어려웠다. 초록불을 켤 때마다 내 과거가 부정당하는 기분이 들었다. 그럴수록 최대한 행복하게 성공한 미래를 상상하려고 노력했다. 그렇게 조금씩 빨간불에서 초록불 선택으로 바뀌가자 뭔가 조금씩 내 삶은 변화구를 만들고 있었다.

변화가 생길 때마다 다시 과거로 돌아가면 어쩌지 하는 조바심이 두려움으로 포장되어 찾아왔다. 그럴 때마다 나는 내 생각을 다듬었고, 내 말을 통해 선언했으며 내 시간들에 소중한 것들을 채우려고 시도했다. 아주 작은 시도였지만 나는 천천히 변하기 시작했다.

오작동 시스템으로 가득 채우던 인생의 브레이크가 서서히 풀리기 시작했다. 힘든 언덕길을 오르듯 헐떡였지만 나는 포기하지 않기로 했다. 지금도 여전히 내 인생길은 극심한 오르막길을 오르는 기분이다. 나아가고 싶을 때보다 포기하고 싶을 때가 더 많다. 하지만 이제는 멈추면 바로 추락이라는 것을 안다. 포기하고 싶을 때마다 지난 1년의 악몽을 떠올리며 기어를 일단에 맞추고 아주 천천히 달려보기로 했다.

그러던 어느 날, 나는 커다란 바위와 마주해야 했다. 가냘프게 타고 있던 희망의 불씨를 꺼뜨리는 무거운 바위는 다름 아닌 돈이었다. 게다가 태어날 때부터 예민했던 아들에게 들어보지도 못한 희귀병이 덜컥 찾아와 버렸다.

당신의 성공이 가장 잘 보이는 곳

무모한 도전의 결과

••••

인생의 모든 면이 날마다 점점 더 좋아지고 있다는 긍정문을 마치 최면처럼 외치며 하루하루를 버텨냈다. 그러나 여전히 우리 가족은 라면으로 끼니를 채우기 급급했고, 무엇이든 아끼지 않으면 생존이 불가능할 정도였다. 그동안 방치해 온 시간들의 결과가 쓰나미가 되어 덮쳐왔다. 그때 누적의 무서움을 절실히 느꼈다. 40년 넘게 살아오면서 그래도 인생 모나지 않게 잘 살아왔다는 자부심을 갖고 있었는데 하루하루 연명하듯 사는 삶 앞에서 비참해지는 것은 시간문제였다.

어느 날 문득 아픈 아들이 눈에 들어왔다. 그때 아들의 나이는 4살이었고, 자가면역질환인 길랑바레 증후군 진단을 받았었다. 이름도 처음 들어보는 병명에 몇 날 며칠을 충격에서 헤어 나오지 못하고 있었다. 특히 아이의 온몸이 마비되어 목숨이 위험할 수도 있다는 의사의 말은 내 심장을 시속 300킬로미터의 야구 배트로 강타하는 것 같았다. 만약 의사의 말이 사실이 된다면 인생의 낙오자였던 엄마로 기억되고 싶지 않았다. 정신을 차리고 아들을 바라보니 이대로 있다간 아들마저 나락으로 떨어뜨릴 것 같았다. 그때부터 내 시간은 다르게 흘렀다. 이대로 죽기 싫으면 모든 것을 걸어야 했다.

통장에 남아 있던 50만 원을 들고 서점으로 갔다. 내 지식만으로는 이 굴레를 빠져나갈 수 없을 것 같아 성공한 사람들의 책을 닥치는 대로 읽기 시작했다. 잠도 거의 안 자고, 독서에 몰두했다. 그때 우리 가족은 3000만 원짜리 허름한 교회 빌라에서 살고 있었다. 내가 할 수 있는 일이라곤 공부뿐이었다. 아들을 돌보는 시간을 빼고는 온전히 공부에 모든 에너지를 쏟아부었다.

책에서 50권만 읽으면 박사학위 딴 것과 같다고 하기에 독서 50권이면 뭔가 달라질 줄 알았다. 노란색 색연필이 닳고 닳도록 밑줄까지 쳐가며 읽은 결과는 통장에 남은 20만 원뿐이었다. 남편은 그대로 실직상태였고, 나 또한 아들을 돌보기 위해 유아 교사의 꿈을 포기한 상태 그대로였다. 이대로 포기할 수 없어 아들을 잠시 친정 엄마에게 맡기고 우리 부부는 가장 저렴한 커피를 파는 카페에 가서 아침부터 저녁까지 더 혹독하게 독서에 몰두했다. 하루에 1일 1독, 많으면 하루에 1일 3독까지 해냈다. 좁은 거실 한쪽에 읽은 책들이 쌓여 가는데 왜 우리 삶은 그대로일까? 벌어진 손가락 사이로 빠져나가는 모래알처럼 돌아온 것은 빈털터리 통장뿐이었다.

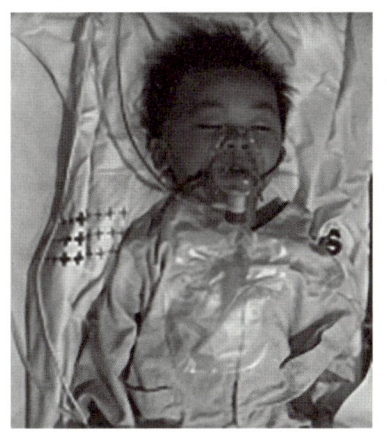

현실에서 깨닫게 된 진실 한 가지
••••

돈도 없었으면서 호기롭게 분양받은 아파트는 계속해서 중도금을 요구했고, 그나마 버는 능력을 유지해주던 직장까지 둘 다 잃게 된 상황에서 성공은 나에게 없었다. 부모님에게, 친인척에게 손을 벌려 빚을 갚고 나면 고통스러움만 더했다. 아무것도 이루지 못한 나 자신이 못 미덥고 한심했다. 아픈 아들이 아니었다면 나는 모든 것을 포기했을 것이다.

시련의 소용돌이 속에서 깨달은 점이 있다. 냉혈한 같은 세상에서 이겨내기 위해서는 돈이 필요하다는 사실이다. 스스로 존재해내기 위해, 나약하고 쓸모없는 인간이 되지 않기 위해 필요한 것은 따뜻한 위로가 아니라 돈이다. 돈이 없으면 최소한의 가족조차 지켜낼 수 없다는 것을 인생 밑바닥에서 배웠다.

나는 다시 멋진 아내이자 엄마가 되고 싶었다. 그러려면 허공으로 날려버린 돈을 되찾아야 했다. 이 해답을 찾기까지 1년 이상 방황의 대가를 치르고 난 후에야 세상과 마주할 용기를 얻었다. 인생 끝에 몰리자 안 보이던 것이 보이기 시작했다. 성공은 아직 나에게 먼 이야기였기에 그 단어를 붙잡아 보고 싶었다. 그제야 나는 잘못된 방향에서 멈춰 설 수 있었다. 아이를 위해 건강을 공부하고, 내 삶을 위해 닥치는 대로 공부하기 시작했다. 그때 배운 것이 있다.

'성공은 가장 밑바닥에 다다르면 보이는 것이구나!'

-10에서 X10 인생으로 바뀐 비밀

의심을 확신으로 바꾼 종이 한 장

····

처음으로 제대로 살아보고 싶은 욕심이 생겼다. 아니 부자로 살고 싶은 마음이 내 심장을 마구 두드렸다. 돈이 그토록 소중한 존재인 줄 알았다면 나는 내 인생에서 돈이 빠져나가기 전에 돈을 대하는 자세에 조금 더 신중했을 것이다. 하지만 돈은 내 품에 들어오는 족족 매몰차게 빠져나갔다. 나름대로 돈을 잘 지키고 있다고 생각했는데 그건 나의 허무맹랑한 착각이었다.

어떻게 해서든 다시 시작해보자. 아픈 아들에게 너무 고마웠던 건 아무리 힘들어도 포기하지 않을 수 있게 해주었던 것이다.

'나도 성공이란 걸 할 수 있을까?'

마음에 의심의 물꼬가 스멀스멀 올라올 때면 예전처럼 다시

도망치고 싶은 마음이 강해졌지만 더 이상 물러날 곳이 없다는 사실을 잘 알았기에 그럴 수도 없었다.

나는 먼저 마음속 회로를 리셋 했다. 과거로 되돌아가지 않기 위해서 스스로 과거를 지웠다. 그리고는 A4 종이 한 뭉치를 꺼내 이것저것 끄적거리기 시작했다. 나에겐 없을 것 같은 성공을 그려보기라도 하자는 심정으로 아이디어가 떠오를 때마다 적고 또 적었다. 그때 습관은 나를 종이 마니아로 만들었다.

나는 지금도 아이디어가 떠오르면 종이와 펜을 찾는다. 종이에 그려져 있는 연필심이 금가루가 될 수도 있다는 사실을 경험해보았기 때문이다. 그렇게 종이 한 장과 연필심의 힘으로 내 인생은 -10으로 추락하는 인생에서 ×10으로 방향이 180도 바뀌기 시작했다. 마음은 약하다. 하지만 펜은 강하다. 마음의 의심을 걷어내는 것은 종이에 내 생각을 그리는 것에서부터 출발한다.

눈에 보이지 않는 것을 수치화한 목표

••••

어느 날 고개를 들고 하늘을 보았다. 가을이 되니 하늘이 더 높아 보였다. 땅을 보며 한숨만 푹푹 내쉬고 있자니 삐걱거리는 인생을 더 깊숙이 몰아넣고 있는 것 같아 하늘로 고개를 돌렸다. 문득 '하늘의 높이는 얼마나 될까?' 하는 궁금증이 생겼다. 한참을 하늘을 쳐다보다가 다시 질문이 바뀌었다.

'내가 원하는 성공의 크기는 얼마나 될까?'

한 번도 커다란 성공을 맛본 적이 없어서 성공의 맛도 제대로 모르는 풋내기가 배짱 좋게 성공의 크기부터 따졌다. 그러다 책에서 본 문구가 떠올랐다. 꿈은 고래 꿈으로 꾸라는 말, 목표는 최대한 높게 설정하라는 말, 생각은 최대한 크게 하라는 말이 떠올라 그냥 중얼거렸다.

"나는 순자산 7,777억을 가진 부자가 될 거야!"

크리스천 기업가로서 존경하는 현승원 대표의 강의를 들었을 때 그는 젊은 나이에 시작한 사업으로 3천억의 자산을 일구었다고 했다. 나는 숫자 7을 좋아해서 7,777억으로 내뱉어 버렸다.

내가 말하면서도 웃음이 났다. 자신에 대한 비웃음이었다. 빚더미 인생에서 7,777억이라는 숫자가 얼마나 황당한 말인지는 직접 겪어보지 않으면 모른다. 하지만 나는 다짐했다. 내가 사랑하는 가족과 내가 종이에 그려 넣은 꿈, 내가 맛보고 싶은 성공의 맛을 위해서 이 꿈을 꼭 한 번 이뤄보겠다고, 다짐만 했을 뿐인데 높아 보였던 하늘이 내 눈 앞에 펼쳐진 것만 같았다. 혹여나 꿈결이면 큰일이라 생각하고 볼 한쪽을 세게 꼬집었다.

그날부터 그렇게 나와 하늘 사이의 간격, 그리고 나와 성공의 간격이 아주 가까이 닿는 것을 스스로 믿어버렸다. 지금까지 내 목표는 순자산 7,777억의 부자가 되는 것이다. 그때부터 지금까지 아주 조금씩 그 꿈을 향해 걸어가고 있다.

계속 시도하고 넘어지다 보면 일어나는 일

　인생은 회오리다. 호박넝쿨의 여리디여린 줄기 끝은 회오리 모양으로 말려있다. 추운 가을날 낙엽이 바람에 휘날리는 모습을 보면 회오리 모양으로 움직이는 모습을 포착할 수 있다. 무더운 여름을 위협하는 거대한 존재는 토네이도다. 토네이도 역시 회오리 모양으로 거대한 태풍을 만들어낸다. 우리 인생 역시 회오리다. 그것도 가장 커다랗고 강력한 회오리다. 한번 휘말리면 손쓸 틈도 없이 빨려 들어간다. 특히 내 주머니 사정이 깃털처럼 가볍다면 두말할 필요 없이 거대한 회오리에 휩쓸려 나가게 된다.

　어떻게 인생의 회오리 속에서 살아남을 수 있을까? 방법이 있다. 폭풍 같은 회오리바람을 뚫고 고요한 태풍의 중심축 안으로 들어가는 것이다. 태풍의 눈이라 불리는 가장 중심부는 가장 안전한 곳이다. 그러나 누구나 마음대로 들어갈 수 없다. 거세게 몰아붙이는 태풍을 온몸으로 막아낸 후에야 진입할 수 있기 때문이다. 대부분의 사람들이 자유를 원하지만 위험은 꺼린다. 그래서 태풍의 눈 안에는 아무나 들어갈 수 없는 것이다.

　7,777억의 목표를 가진 뒤 나는 태풍의 눈만을 바라보며 가기로 했다. 어떤 험난한 길을 만나더라도 태풍의 눈으로 진입하는 것이 목표이기 때문에 중간에 포기할 일은 없을 것이다. 만약 내가 고래 꿈을 꾸지 않았다면, 거대한 목표를 갖지 않았다면, 나

는 인생이라는 회오리 안에서 허우적대는 못난 인생으로 평생 살아갔을 것이다.

  우리 인생은 매일이 회오리와 마주하는 하루다. 때로는 회오리를 재빠르게 피해야 하고, 때로는 정면 돌파를 해야 하며, 때로는 불가사의할 정도의 힘으로 회오리를 뛰어넘어야 할 때도 있다. 앞으로 내 인생에서 몇 번의 회오리를 만나게 될지 모르겠지만, 태풍의 눈이 가장 안전한 곳이라는 것을 알고 있으면서 도피만 할 수는 없는 노릇이다. 이제 바꿀 때가 되었다. "왜 나한테만 이런 일이 일어나는 거야?"에서 "도대체 어떻게 하면 그곳에 갈 수 있는 거야?"라고.

  앞으로 나아가기 위해 시도하다 보면 많이 넘어질 것이다. 인생은 직선이 아니기에 계속 돌아가야 한다. 어쩌면 돌아오더라도 내가 원하던 방향이 아닐 수도 있다. 그래도 직진할 수 없다. 직진하는 인생은 부러진다. 느리더라도 정석대로 탄탄한 성공을 향해 나아가려면 회오리와 친구가 되어야 한다. 그렇게 나의 성공 입성기가 시작되었다. -10 인생에서 ×10 인생으로 가는 성공 공식은 너무나도 간단하다. 시도하고 넘어지고, 또 시도하고 넘어지고를 반복하면서 전진하면 된다. 나는 지금 인생을 몇 바퀴나 돌아 왔을까? 중요한 것은 돌면 돌수록 위로 올라가고 있다는 사실이다. 그래서 오늘도 태풍의 눈을 향한 걸음을 멈출 수 없다.

성공의 길을 안내하는 세 개의 문

아무것도 안 하기의 오류

••••

얼마 전까지만 해도 인생의 피로도가 극에 달했다. 잠자리에 누워도 잠이 잘 오지 않았다. 여러 가지 생각들이 머릿속에 꽉 차 두통을 유발했고, 더 이상 불길한 일들은 일어나지 않았으면 하는 불안함 때문에 가슴이 수시로 두근거렸다. 리스크가 조금만 커져도 또다시 이런 상황으로 내몰리게 만든 내 행동들이 용서가 되지 않았다. 심지어 생각이 마비될 지경까지 되기 일쑤였다.

도대체 무엇이 문제였을까? 남들은 가볍게 도전해도 잘만 이루던데 나는 꼬인 실타래처럼 인생이 이 모양 이 꼴일까 원망과 자책만 했다. 그래서 한동안은 아무것도 하지 않고 스스로 원망으로부터 자유를 주기로 했다. 아무 행동도 하지 않으면 원망할 이유가 없을 테니 말이다.

하지만 아무 행동도 하지 않으니 이번엔 자꾸 빈 통장이 괴롭힌다. 아무것도 하지 않고 있는 것처럼 보였지만, 나는 매일 시도하지 않을 뿐, 생활 소비를 하고 있었다. 의식주, 친구들과의 약속, 가족과의 외식 등 오히려 아무것도 안 하니까 소비가 더 많은 비중을 차지하게 되었다.

내 통장은 시도 때도 없이 경고등을 켰다. 결국, 아무것도 실행하지 않고 있다는 것은 더 많은 소비를 하겠다는 말이었다. 그렇게 나의 헛된 시도들은 또다시 원점으로 되돌아왔다.

왜 자꾸 이런 결과가 반복되었을까? 실패의 안경을 쓰고 있었기 때문이다. 그 사실을 알고 다시 안경을 교체해서 쓰기로 했다. 그 안경은 성공의 안경이다. 성공의 안경은 흩어진 돈을 나에게로 끌어당겨 주었다. 만약 빈 통장 앞에서 성공의 안경으로 바꿔 쓰지 않았다면 나는 무기력증에 빠졌을 것이다. 여전히 잠을 제대로 이루지 못했을 것이고, 불안에 떨며 하루하루를 살았을 것이다. 성공의 안경을 쓴 후로는 매일 아침이 기다려져서 빨리 잠자리에 들고 싶다. 누군가와 대화를 나누고 아이디어를 떠올려 실행할 것이 기대돼 사람들과의 만남이 기다려진다.

마이너스 시야를 플러스 시야로 바꾸는 법

····

어떻게 성공의 안경을 찾아 교체할 수 있을까? 마이너스 시야에서 플러스 시야로 바꾸면 된다. 플러스 시야로 가장 빠르게 변화시켜주는 방법은 청소다. 주변에 좋은 파장이 흐르게 버릴 것은 버리고, 여백의 공간을 많이 남긴다. 꼭 필요한 물건들만 남기고 물건들의 자리를 정해둔다. 정리 정돈과 청소가 잘된 곳에 가면 기분까지 플러스로 전환된다. 동시에 사고법도 플러스로 전환되어 앞으로 내가 시도하고 싶은 것에 영향을 미쳐 좋은 아이디어를 떠올리게 돕는다. 파산 직전의 한 회사에서 파산을 면하기 위해 가장 먼저 외친 구호는 이것이었다.

"쓰레기에 각을 잡자!"

나 역시 인생 파산자를 면하기 위해 가장 먼저 했던 일은 옷장을 활짝 열고 입지도 않는 옷들을 언젠가는 입겠다는 욕심으로 채우고 있던 옷들을 비워낸 일이었다.

사업장에 출근하면 가장 먼저 하는 일은 '10분 환기'다. 어제의 묵은 기운을 버리고, 새로운 기운을 채워 넣을 수 있는 가장 쉬운 방법은 환기이기 때문이다. 다음은 가장 작은 수건 한 장을 꺼내 이곳에 오는 분들이 가장 행복했으면 좋겠다는 마음으로 정성스럽게 책상과 이곳저곳을 닦는다. 쌓인 먼지를 비우고 정성과 감사를 채운다. 청소는 플러스 시야의 가장 근본이고, 강력한 힘이다.

주변이 깨끗이 청소되었다면 성공의 안경을 쓰고 돈을 끌어당길 준비가 된 것이다. 이제 두 가지 미션을 먼저 풀어보자.

미션 1 : 현재 나에게 100만 원이 있다. 3일 동안 원금을 2배로 부풀려야 한다. 3일 동안 어떤 방법으로 200만 원을 만들겠는가? 미션이므로 정답은 없다. 대신 10가지 아이디어를 떠올려보자.

아이디어 1. _____
아이디어 2. _____
아이디어 3. _____
아이디어 4. _____
아이디어 5. _____
아이디어 6. _____
아이디어 7. _____
아이디어 8. _____
아이디어 9. _____
아이디어 10. _____

미션 2 : 당신에게는 100통의 생수가 있다. 이것을 3일간 모두 팔아야 한다. 어떻게 팔 것인가?

이 두 가지 미션을 읽고 신나서 아이디어를 떠올렸다면 당신은 성공의 안경을 쓰고 있을 확률이 높다. 성공의 안경을 쓴 사람은 "못해"가 아니라 "어떻게 하지?"를 고민하는 사람이기 때문이다.

돈을 나에게 끌어당기는 제1원칙은 성공의 안경을 쓰는 것이다. 성공의 안경을 쓰면 나타나는 현상이 있다. 인생에 문제가 생기는 것이 두렵지 않고 즐겁다. 이 문제를 해결하고 나면 내가 얼마나 성장해 있을지 기대가 된다. 또 모든 것이 아이디어로 보인다. 아이디어를 떠올린다는 것은 곧 생각을 돈으로 만드는 방법을 안다는 것이다.

성공의 안경을 쓴 사람들은 예외 없이 아이디어 실행가다. 작은 것이라도 아이디어를 바닥에 그냥 버리는 법이 없다. 나 역시 고객과 미팅하면서 떠오른 아이디어들은 그때마다 즉시 기록해두고 실천한다. 성공의 안경을 쓴 사람은 제자리에 머무는 법이 없다. 항상 움직인다. 누가 시켜서 움직이는 것이 아니다. 스스로 성공을 찾아 나서는 것이다.

10배 성공의 길을 열어 줄 세 개의 문

....

성공의 안경을 쓴 사람의 눈에는 무엇이 보이는 것일까? 성공의 안경에는 세 개의 문이 보인다.

첫 번째 문은 자아의 문이다. 내가 실행하려는 순간 자아의 목소리가 나에게 말을 걸어온다. '정말 도전할 거야? 예상보다 실패확률이 높을 텐데, 감당할 수 있겠어?' 자아의 문은 나에게 실패를 받아들이지 말라고 독촉한다. 자아의 문을 통과할 수 있는 시간은 5초다. 5초 안에 자아의 문이 말하는 것에 반기를 들고 과감히 도전을 선택해야 한다.

두 번째 문은 현실의 문이다. 자아의 문을 힘겹게 빠져나오니 현실의 문은 더 단단히 닫혀있다. 그리고는 이렇게 말한다. '세상이 얼마나 위험한 곳인데, 그렇게 호락호락했으면 누구나 다 성공했게? 괜히 힘한 꼴 당하지 말고, 조용히 살아가는 게 어때? 지금도 충분히 살만하잖아!' 현실의 문은 크고 단단해서 엄청난 힘을 가해 열어야 한다. 특히 주변 사람들이 현실의 문을 꽉 잡고 쉽게 열어주지 않는다. 당신은 나 혼자의 힘으로 최소 5명 이상의 힘을 밀어내고 저항해내야 한다.

마지막 세 번째 문은 기회의 문이다. 기회의 문 앞에는 눈보라가 휘날리고 있다. 강력한 바람 때문에 문고리를 잡기도 쉽지 않다. 하지만 그 문을 열어야 당신은 비로소 성공의 안경을 쓸 수 있을 것이다.

당신은 세 개의 문을 통과하겠는가?

내가 만약 자아의 문과 현실의 문을 힘껏 열지 않았다면, 기회의 문 앞에서 눈보라에 휩쓸려 포기했다면, 나는 지금 이 자리에 서 있지 못했을 것이다. 기회의 문은 비밀의 출구였으며, 좀 더 재미있고 신나는 길, 좀 더 버라이어티 한 길, 리얼한 길이었다.

결국, 나는 스스로 이긴 셈이다.
 성공의 안경을 쓴 사람은 세 개의 문을 통과해 기를 모아 불끈 주먹 쥔 두 손에 어떠한 길도 자유롭게 걸어갈 수 있는 성공의 로드맵을 차지한 사람이었다. 중요한 사실은 안경이 벗겨지는 순간 맹인이 된다는 것이다. 그래서 평생 성공의 안경이 벗겨지지 않도록 노력해야 한다.

이게 진짜 현실이 된다고?

가장 자유로운 시간을 빛나게 만드는 법

　　　　　　　　　　　　· · · ·

　직장에 다닐 때 출근하는 데 걸리는 시간이 2시간 내외였던 적이 있다. 아침마다 두 번의 버스를 갈아타고 끝과 끝을 매일 이동하며 4년을 보냈다. 장거리 이동에 지칠 만도 한데 나에겐 그 시간이 꿀 같은 시간이었다. 누군가는 출근 시간 오래 걸리는 것이 회사를 이직해야 하는 사유가 될 수 있지만, 나에겐 그 시간이 나 자신에게 주는 희망의 시간이었다.

　똑같이 주어진 시간을 어떻게 보내느냐의 몫은 그 사람의 역량에 달렸다. 나는 출근 시간에 보통 '생각'을 했다. 내가 살고 싶은 집, 내가 회사를 그만둔다면 하고 싶은 일, 가족과 함께 가고 싶은 여행지에서 여유롭게 즐기는 모습을 말이다. 회사에 가면 내 시간에 제약이 생긴다. 회사에서의 시간은 내 시간을 회사가 고용한 것이므로 자유로울 수 없다. 그래서 자유로운 생각도 불가능하다. 그러나 이동하는 시간은 온전한 나의 자유시간이다. 자유롭게 무엇이든 생각할 수 있다. 내가 나에게 준 가장 큰 자유는 내 꿈을 마음껏 누려보는 것이었다. 나는 직장인일 때도 나만의 자유가 좋았다. 오롯이 내가 꿈꾸는 생각들을 모아갈 때 살아갈 힘이 났다.

직장인으로 살아가다 끝도 없는 위기에 부딪히자 고민 끝에 더 이상 직장에 매여 있을 수 없다는 결론이 나왔다. 그렇다면 나는 어디서부터 다시 시작해야 할까? 자유로운 생각에 다시 초점을 맞췄다. 직장을 그만두고 진짜 자유로운 영혼이 되니 생각의 갈피가 지그재그 모양으로 흩날렸다. 그러나 그런 생각까지도 담담하게 내 안에 담아보려 노력했다.

부부의 운명을 바꿔 준 책 한 권

••••

현재 나는 내 생각의 투자자다. 인생이라는 거대한 벽 앞에서 치열하게 독서하는 인생을 살았기에 내 생각이 인생 자산임을 믿는다. 사실 현실에서 생각밖에 믿을 게 없다.

직장을 그만두고 몇 달을 책에 파묻혀 살았다. 어느 날 커피를 석 잔이나 마셔도 잠이 오질 않았다. 거실 한쪽 벽에 놓인 조그만 책장에서 오래전에 사두고 묵혀두었던 책을 꺼내 집었다. 말로는 부자가 되고 싶다고 했지만, 현실에서 너무 먼 이야기는 아닐까 하는 의심 때문에 읽지 않고 덮어둔 책을 꺼내 들었다.

나는 앉은 자리에서 3시간 만에 그 책을 완독했다. 그리고 그 책 마지막 장을 덮자마자 진짜 부자가 되기로 결심했다. 그 책의 제목은 《백만장자 시크릿》이었다. 그 책에서 내가 가장 충격받은 문장은 여기였다.

> 사람들이 돈 문제로 싸울 때 실제 문제는 돈 자체가 아니라 서로의 돈에 대한 생각과 계획, 즉 경제 청사진이 맞지 않은 탓이다. 돈이 많건 적건 중요하지 않다. 두 사람의 청사진이 맞지 않으면 허다한 문제들이 발생한다. 결혼한 부부, 교제하는 남녀, 가족 구성원, 사업상의 동료, 어느 인간관계에서나 마찬가지다. 해결해야 할 문제는 돈이 아닌 청사진이라는 게 핵심이다.
>
> -하브 에커, 《백만장자 시크릿》, RHK, 2005. p.60.

그 책을 읽고 난 뒤에야 내가 얼마나 돈에 대해 무지한 삶을 살아왔는지, '생각' 당하며 살아왔는지 깨닫게 되었다. 그때부터였다. 남편과 함께 서로의 내면에 프로그래밍 된 돈에 대한 잘못된 청사진을 바꾸기 시작한 것 말이다.

먼지가 수북이 쌓인 집처럼 켜켜이 쌓인 잘못된 고정관념들이 하나씩 꺼내질 때마다 성난 황소처럼 서로를 탓하고 원망했다.

"빚이 3억 넘게 있는데 지금 저축을 시작하는 게 맞을까?"

남편은 번 돈의 대부분을 빚 갚는 데 써야 한다고 했고, 나는 일부는 빚을 갚고 조금이나마 미래에 있을 일을 대비해 저축도 해야 한다고 주장했다. 아주 사소한 이런 의견에서조차 어마어마한 충돌의 파편들이 불쑥불쑥 튀어나왔다. 충분히 서로의 의견을 존중할 수 있고, 배려할 수 있는 사이임에도 돈에 대한 꼬인 생각들이 건드려지면 마치 내면에 숨겨진 화약고가 터지듯 원수가 되어 다투기 일쑤였다.

어느 날 분위기 좀 바꿔보려 기존에 가던 카페보다 커피값이 두 배나 비싼 분위기 좋은 카페에 갔다. '분위기가 바뀌면 좀 나아지겠지…' 하는 마음으로 또다시 돈에 대한 이야기를 꺼내들었다. 내 예상은 보기 좋게 빗나갔다. 분위기 즐기러 갔던 카페에서 서로 불쾌한 감정만 쌓인 채 비싼 커피는 마셔보지도 못하고 돌아 나와야 했다.

'이것이 잘못된 청사진의 부작용이구나! 그래서 우리가 아무리 열심히 살아도 빚더미에 앉을 수밖에 없었던 거구나…!'

연애할 때부터 단 하루도 헤어진 적 없을 만큼 애틋하게 서로를 사랑하고 아껴준다고 생각했는데 그건 철저한 오만이고 착각이었다. 내면이 바뀌지 않은 상태에서 만들어진 사랑은 서로의 발을 묶어버리는 일그러진 사랑이 될 뿐이었다.

쓰라린 깨달음 끝에 우리 부부는 서로 180도 달랐던 청사진을 하나씩 하나씩 맞춰가 보기로 했다. 그래야만 7,777억 자산가의 꿈에 조금이나마 희망을 걸어볼 만하니까. 그때부터 돈에 대한 책을 집중적으로 읽기 시작했다.

《백만장자 시크릿》을 시작으로 《보도 섀퍼의 돈》, 《억만장자 시크릿》 같은 부에 관한 양서들을 남편과 함께 읽었다. 같은 책을 읽고 토론하다 보니 신기하게도 퍼즐 맞춰지듯 생각이 비슷하게 흘러가기 시작했다. 외면뿐만 아니라 내면의 조화가 만들어지자 신기하게도 스스로 생각하는 힘도 커지고 더 놀라운 것은 돈을 벌 수 있는 기회와 아이디어들이 생기기 시작한 것이다.

부의 마인드를 바꾸어 가던 어느 날 남편에게 제안했다.

"여보, 우리 교육 사업합시다."

갑자기 사업하자는 내 말을 듣고 크게 당황한 듯한 남편은 아무 대답도 못 하고 그 자리에서 얼어버렸다. 당황한 남편에게 웃으며 말했다.

"여보! 인생은 원래 준비 - 발사 - 조준이야!"

어느 날 찾아온 뜬구름의 기적

....

평생 직장밖에 모르고 살아온 우리 부부에게 사업이라니, 남편은 적잖이 놀란 토끼가 되었다. 나도 어디서부터 그런 패기가 생겼는지 모르겠다. 그냥 마음이 시켰다. '빚더미에 앉은 것도 모자라 사업을 또 벌이겠다고?' 이 이야기를 누군가 듣는다면 분명 "미쳤다"라고 말할 것이다. 그런데 나는 《백만장자 시크릿》을 읽고 내가 돈에 대해 잘못 배워왔고, 잘못된 청사진으로 인해 아무리 열심히 살아도 부자가 될 수 없다는 것을 철저히 깨달았다. 그 깨달음을 통해 다른 사람들에게도 부에 대한 청사진을 바꾸고 스스로 생각하고 행동해서 부자가 되는 법을 알리고 싶었다. 남편과 함께 교육 회사를 차리기로 마음먹자마자 떠오르는 아이디어들을 기쁜 마음으로 하나씩 기록해 나갔다.

교육 회사를 차리기로 마음먹었을 때 맨 먼저 통장 잔액을 확인했다. 초라하기 짝이 없는 숫자에 헛웃음이 났다. '뒤에 숫자 0이 딱 1개만 더 붙었으면…' 간절히 바라면 이루어진다던데 너무 허황한 소리였을까? 내 통장엔 비웃기라도 하듯 300만 원이란 숫자가 가냘프게 적혀있었다.

사업을 하려면 적어도 보증금과 최소한의 인테리어 비용, 몇 달간 유지비 정도는 필요했다. 지금 상황에서 사업을 시작한다는 것은 뜬구름 잡는 소리나 마찬가지였다. 하지만 포기하고 싶지 않았다.

나는 어떻게 했을까? 돈이 들어가지 않아도 시작할 수 있는 일들을 계획했다. 내가 살고 있는 주변 사람들부터 돕자는 마음으로 재능기부 특강을 준비했다. 감사하게도 약 45명 정도가 첫 재능기부 강의에 와 주셨다. 남편이 강의하고 나는 그 외 모든 것을 기획하고 준비했다. 주민센터에 전화해서 재능기부 특강에 대한 이야기를 말씀드렸고, 무료 대관을 받았다. 재능기부에 들어간 돈은 오신 분들께 대접해 드렸던 음료수 3병 값밖에 없었다.

그다음은 독서 모임을 만들었다. 내가 힘들 때 독서 모임에서 많은 에너지를 받았고, 그곳에서 만난 분들 덕분에 많이 성장할 수 있었다. 그래서 나도 봉사하고 나누자는 마음으로 독서 모임을 만들었다. 처음엔 아주 소수의 인원이 아파트 커뮤니티에서 시작했다. 나와 남편, 독서 모임 신청자 한 분 포함 세 명만 참석해서 진행되기도 했다. 마땅히 고정된 장소가 없어서 매번 장소를 이리저리 옮겨 다녀야 했다. 카페, 아파트 커뮤니티, 교회 등 장소를 매주 대여하는 것은 쉬운 일이 아니었다.

그러던 어느 날 우리 독서 모임을 꾸준히 지켜보시던 한 분께 몰래 연락이 왔다. 우리의 노력을 보고 보증금을 무료로 빌려줄 테니 연구소를 하나 얻으라며 무려 3,000만 원을 빌려주셨다. 너무 놀라서 손이 떨렸다. 통장 뒤에 '0' 하나 더 붙었으면 좋겠다고 중얼거렸던 말은 3개월 만에 현실이 되었다. 그렇게 이곳저곳 쫓겨 다니며 힘겹게 유지해나가던 독서 모임은 현재 360회를 넘기고 있다. 그리고 번듯한 연구소도 마련하게 되었다. 뜬구름 같던 이야기들은 하나둘씩 기적이 되었다.

뜬구름 잡는 소리 마니아가 된다는 것

····

사업을 위해 처음 마련한 공간에 연구소 둥지를 틀고 하루하루 치열하게 살았다. 직장에 다닐 때보다 몸은 힘들었지만 일은 300배쯤 재미있었다. 사업이란 것은 자유와 책임을 요구하기 때문에 내 체질에 딱 맞는 느낌이었다. 그렇게 1년쯤 지나 보니 처음 시작할 때보다 매출이 4배 정도 증가했다.

　사업 초기 우리 교육사업의 메인은 초등학교에 다니는 아이들과 성인들이었다. 그런데 연구소 근처에는 아이들보다 연세가 많으신 어르신들이 더 많았다. 조금 더 저렴한 곳만 찾아가다 보니 시장조사를 무시하고 가격만 쫓아갔던 것이다. 다시 뜬구름 마인드가 작동했다. 인천에서 가장 좋은 교육 핫 플레이스 송도로 연구소를 옮기고 싶었다. 연구소를 이전하려면 이전 비용이 많이 들어갈 텐데 굳이 옮길 필요가 있을까 하는 남편의 의견이 있었으나 그럴수록 송도에서 다시 시작해야겠다는 마음이 더 커져만 갔다.

　몇 날 며칠 송도 이곳저곳을 살피며 내가 원하는 장소의 한 상가를 찾았다. 현재 연구소에서 있는 불편사항들을 한 번에 해결해 줄 수 있는 곳이었다. 문제는 월세였다. 월세가 대략 100만 원 이상 차이가 났다. 하지만 나는 뜬구름을 믿었다. 생각이 발현되는 순간 방법은 찾아질 것이었다. 나는 연구소를 내놓고, 계약이 되자마자 송도에 과감히 새로운 장소를 얻어 계약했다. 초기 비용 때문에 처음엔 눈물 나게 힘들었지만 그럴수록 더 내공을 다져 위기를 모면해 나갔다. 그렇게 두 번째 내가 꿈꾸던 연구소는 송도에서 6년간 운영되었다. 지금은 10배 더 큰 스텝을 위해 또다시 새로운 뜬구름을 마음에 심었다. 다음은 어딜까? 다음 목표는 강남이다.

　기적은 멀리 있는 것이 아니다. 기적은 행동하는 자에게 찾아오는 선물이다. 나는 매일 기적의 씨앗을 심는다. 기적의 씨앗을 심는 방법은 이렇다. 먼저 가능성은 있지만 극히 희박한 뜬구름 같은 생각들을 매일 하루 한 가지씩 하는 것이다. 요즘 심는 생각은 세 가지가 있다.

- 강남 제일 좋은 자리에 교육 회사를 세우는 것
- 대한민국 1등 교육 플랫폼이 되어 전 세계에서 가장 많은 사업가와 자수성가 부자를 보유한 대한민국을 만드는 것
- 가족과 함께 전 세계를 여행하며 가장 비싼 호텔에 묵는 것

지금 현실로는 말도 안 되는 이야기다. 그러나 나는 이 씨앗이 어떤 방법으로 이루어질지 무척 기대된다. 이것은 중요한 룰이다. 걱정 대신 철저히 기대해야 한다.

뒤돌아 생각해보니 모든 순간 내뱉은 말이 뜬구름 잡는 소리였다. 그런데 그 뜬구름 같은 소리들이 돈이 되었다. 기회가 되고, 기적이 되었다. 내 사업도 어느 날 문득 책 읽다 떠오른 것이지만 지금 그 교육사업 덕분에 아주 잘 먹고 더 잘 살 수 있게 되었다.

혹시 주변에 뜬구름 잡는 소리를 자주 하는 사람이 있는가? 부자가 될 징조이니 그 사람이 어떻게 그 뜬구름 같은 소리들을 현실화시켜 나가는지 지켜보고 응원해주어야 한다. 나는 여전히 뜬구름 잡는 소리 마니아다. 덕분에 매번 남편이 힘들어하는 게 조금 흠이지만.

2

Challenge

10배 빠른
추월차선으로 갈아타는
슈퍼 마인드

●

남들이 안전하다고 생각하는 것보다 더 큰 위험에 도전하라.
남들이 합리적이라고 생각하는 것보다 더 큰 꿈을 꿔라.

– 하워드 슐츠

불운을 몰고 다니는 사람들의 3가지 특징

인생 암흑기에 깨닫게 된 생각들

　인생의 암흑기를 지날 때 내가 하는 선택들은 공통점이 있었다. 성공하고 싶은 마음과 달리 내 선택은 항상 마음과 다른 방향을 향했다. 마치 이유도 없이 반대하는 청개구리처럼.

　아무리 좋은 선택이었다고, 최선을 다했다고 스스로 위로해도 결과는 엉망이었다. 시간이 지나 내가 나아갈 방향에 대해 깊이 고민하는 법을 알게 되고, 나아가고자 선택한 방향과 삶이 일치되기 시작하면서 예전의 내 삶을 반추해보았다. 무언가에 쫓겨 다급하게 뛰어가는 어린아이처럼 내 모습은 갈피를 잃은 모습이었다. 한참을 되돌아본 후 다급함 속에 숨겨진 세 가지 공통점을 발견했다. 그리고 나의 예전 모습과 같은 삶을 살아가는 사람들은 좋지 않은 결과를 맞이하는 불운을 몰고 다닌다는 결론에 도달했다.

그 세 가지는 자기비하, 문제 회피, 부정편향이었다.

스스로를 깎아 내리는 자기비하
••••

나의 과거는 자기비하의 연속이었다. 나를 사랑하는 것이 성공의 시작이라는 것을 알지 못했고, 스스로 깎아내릴수록 겸손하다는 착각 때문에 남 탓도 할 수 없었다. 무언가 시도해서 잘못된 결과가 나오면 '내가 하는 게 다 그렇지 뭘' 이란 말로 자아를 실컷 학대했다. 지나친 겸손은 거만이고 독이라는 사실을 몰랐다.

나를 사랑하는 사람은 세상이 나를 중심으로 돌아가는 세계관을 가진다. 반면 자기비하를 하는 사람은 나를 세상에 끼워 맞춘다. 조금만 어긋나도 세상의 무게를 혼자 다 짊어지려 한다.

모든 사람은 실수를 한다. 처음 부모가 된 사람도, 첫 직장에 들어간 사람도, 처음 운전을 배우는 사람도, 누구나 과정을 통해 나만의 패턴을 배우고 익히며 성장한다. 그럴 때 필요한 것은 자기비하가 아니라 자신을 충분히 격려하고 사랑하는 마음이다. 사랑하는 마음으로 평생을 살아도 모자란 시간에 굳이 자신을 헐뜯어야 할 이유가 있을까? 한 번만 더 내면의 소리에 집중해보라. 진정 내 마음속에서 듣고 싶은 말은 아마도 용기를 불어넣어

주는 말, 스스로 응원하는 애정의 소리일 것이다.

그리고 우리 모두는 그럴 자격이 있다. 예전부터 지금까지 우리는 치열한 인생을 살고 있는 중이니까. 내 삶에 독사과를 끌어들여 자신의 내면을 죽이는 오류를 통해 인생 끝자락에 후회가 밀려오지 않도록 최선을 다해 나 자신을 사랑해주자.

실패를 필연적으로 불러오는 문제 회피
····

인생은 직선이 아니다. 굴곡의 연속이다. 내 삶에 따스한 햇볕이 비추는가 싶더니 이내 매서운 회오리가 들이닥친다. 뚜벅뚜벅 잘 걸어가고 있던 나는 회오리에 휩쓸려 진흙탕에 빠진다. 내가 빠진 곳이 단순한 진흙탕인 줄 알았는데 알고 보니 허우적거릴수록 더 깊이 빠져드는 늪이다.

지금의 나라면 어떻게든 늪을 빠져나올 방법을 궁리할 것이다. 그 늪이 깊든, 깊지 않든 그것은 나에게 중요사항이 아니다. 그보다 어떤 방법이 가장 효율적으로 빠져나갈 방법인지가 더 중요하다. 그렇게 떠올린 아이디어를 시도해보다가 주변을 둘러보니 나무 기둥에 묶여 있던 밧줄 하나가 눈에 들어왔다. 그 밧줄을 잡기 위해 안간힘을 다해 발버둥 친다. 다행히 그 줄은 기회라는 이름을 가진 줄이었다.

줄을 잡고 늪을 빠져나오니, 또다시 눈 앞에 펼쳐진 길은 험난한 자갈밭이다. 험난한 자갈밭을 지나기 위해 아이디어를 떠올려본다. 주변에 있던 죽은 나무들의 나뭇잎들을 엮어 신발을 만들었다. 두툼하게 엮은 나뭇잎 신을 신고 걸어가니 발이 편안하다.

예전의 나는 어땠을까? 예전의 나는 이렇게 선택했다. 내가 빠진 곳이 늪이라는 것을 알고서는 소리친다. "사람 살려, 내가 지금 늪에 빠졌어요. 도와주세요." 빠져나갈 방법이 도무지 떠오르지 않는다. 그저 지나가는 누군가가 내가 소리치는 모습에 반응하길 간절히 바랄 뿐이다.

다행히 지나가던 행인이 소리를 듣고 커다란 나뭇가지를 늪에 던져 가지를 붙잡고 빠져나올 수 있었다. 겨우 늪을 빠져나오니 또다시 자갈밭 풍경이 보인다. 너무 피로한 나머지 평탄한 길을 찾아 이리저리 돌아간다. 한참을 돌아오니 마주한 곳은 처음 마주했던 자갈밭 초입이다. 너무 돌아와 힘은 힘대로 빠지고, 밤이 깊어간다. 어찌할 줄 몰라 그 자리에서 두 발만 동동 구르고 있다.

우리가 인생의 굴곡을 지나는 두 가지 모습이다. 내 과거는 회피의 연속이었다. 회피를 통해 내린 결정들은 대부분 실패로 이어졌다. 감정까지 우울함으로 가득 찼다. 내게 주어진 무기가 많은데도 나는 사용해야 할 이유도, 사용할 방법도 몰랐다. 문제가 생기면 내 문제가 아니라 남의 문제처럼 대했다. 시간이 흐르면 누군가 해결해 줄 것이라 믿었다. 그렇게 내 운전대를 쥐어보지도 않고, 문제가 해결되지 않으면 떼쓰기를 했다. 문제가 해결되지 않는 것은 당연한데 말이다. '회피'와 '해피'는 인생에서 일어나는 문제들을 어떻게 마주할 것인가로 결정된다. 직면한 문제를 정면 돌파할 것인가? 끝까지 회피하고 있을 것인가?

어디서든 불평을 내뱉는 부정편향

인간은 누구나 감정의 지배를 받는다. 똑같은 상황에서도 그것을 받아들이는 감정은 모두 다르다. 모든 감정은 필요한 것이다. 감정은 좋다, 나쁘다로 평가될 수 없다. 우리가 살아가는 데 중요한 요소일 뿐이다.

그 대신에 나는 감정에 온도가 있다고 생각한다. 차가운 온도를 가진 감정과 따뜻한 온도를 가진 감정이 있는 것이다. 그리고 이 온도에 따라 우리가 행운을 맘껏 누리거나 혹은 불운을 몰고 다니게 된다.

어떤 상황을 받아들일 때 따뜻한 온도의 감정으로 바라보는 사람은 자신을 아낌없이 칭찬한다. 잘못된 선택이 있어도 기꺼이 수긍하고 빠르게 감정을 이완해 전환시킨다. 따뜻한 온도의 감정이 지배적인 사람은 회복 탄력성이 빠르다. 후회가 아니라 배울 점을 바라본다. 남을 바라볼 때도 작은 노력에 내 일같이 기뻐해 준다. 따뜻한 온도를 지닌 사람은 평소에 긍정과 감사가 몸에 배어 있다.

반면 차가운 온도의 감정으로 받아들이는 사람은 자기 자신을 칭찬하는 데 엄격하다. 냉철하다고 표현할 수 있지만, 자신의 기준이 너무 높아 만족하지 못하고 자신의 노력을 부정한다. 차가운 감정에 지배적인 사람은 장점보다 단점을 먼저 찾는다. 장점을 강화하기보다 단점을 차단하기 위해 노력한다. 조금만 단점과 실수가 삐져나와도 자신에게 혹독한 주의를 준다. 이런 사람들은 대부분 남을 바라보는 기준도 높아 차가운 감정을 통해 자신만의 잣대로 평가하며 바라본다.

 차가운 온도의 감정에 지배되는 사람은 언제, 어디서든 불평과 문제점 지적에 능하다. 부정적 감정에 더 예민하게 반응한다. 이와 같은 성향을 부정편향이라고 한다. 내 감정적 온도는 현재 몇 도인가? 내 감정 온도를 1도 올리기 위해 관점을 바꿔보는 것은 어떨까?

 현재 나는 불운 대신 행운을 몰고 다닌다. 나 스스로 불운을 몰고 다니는 세 가지를 극복했기 때문이다. 자기 비하 대신 나 자신을 적극적 1순위로 사랑한다. 문제 회피 대신 문제 해결 방법을 떠올린다. 부정편향 대신 감정의 온도를 끓는점에 맞추려고 노력한다. 부디 우리의 이름 석 자 뒤에 붙은 꼬리표에 따라다니는 것이 불운이 아닌 행운이었으면 좋겠다.

96퍼센트는 없고 4퍼센트는 있는 '이것'

세상에는 '이것'의 비밀을 모르는 96퍼센트의 사람들과 '이것'의 비밀을 아는 4퍼센트의 사람들이 있다. 이 두 부류의 차이는 부자로 갈 수 있느냐, 현실에 매몰되느냐의 차이다. 4퍼센트의 사람들은 도대체 어떤 비밀을 알고 있는 것일까?

35년 된 허름한 빌라에서 생긴 꿈

이것의 비밀을 밝히기 전에 먼저 내 이야기를 조금 나눠보려고 한다. 얼마 전까지 우리 가족은 총 7식구가 함께 살았다. 부모님, 미혼인 남동생, 남편, 아들, 딸 3대가 한 식구였다. (개정판을 집필 중인 현재는 셋째가 태어났고 남동생은 독립한 상태다.) 10년 전까지만 해도 우리 가족은 3천만 원짜리 허름한 교회 빌라에서 전

세로 살았다. 빌라의 연식은 30년이 넘었고, 한국인보다 외국인 노동자 이웃이 더 많았다. 툭 하면 밤마다 싸우는 소리가 들려왔다. 우리 집은 4층이었는데 엘리베이터도 없어서 맘먹고 장이라도 봐오는 날이면 4층 계단을 몇 번씩 땀 흘리며 오르내리며 짐을 날라야 했다.

나와 친했던 네 명의 또래 대학 동기들 중 내가 가장 먼저 결혼을 했다. 어느 날 나머지 친구들이 하나둘 결혼을 하면서 각자 신혼집에 초대해주었다. 최신식 아파트에 신혼집을 꾸린 친구 집에 갔는데 베란다 너머로 보이는 뷰가 환상적이었다. 우리 집 베란다 밖으로는 허름한 빌라 주차장만 보였는데 친구네 집은 180도 다른 모습이었다. 친구들이 차례로 집들이 초대를 하고 난 후 다음번엔 우리 집에 오고 싶다고 했지만, 나는 그럴 수 없었다. 초라하기 그지없는 우리 집에 초대할 수 없어서 바쁘다는 핑계만 댔다. 비교하지 않으려 했는데 친구들의 집이 너무 좋아 보여서 자연스럽게 우리 집이 비교되었다. 없던 자존감마저 바닥에서 뒹굴고 있었다.

그곳에 살 때 매일 매일 탈출하고 싶었다. 어떻게 해서든 주거 공간을 바꾸는 것이 나에겐 가장 중요한 일이었다. 가까스로 치열한 5년을 보낸 덕분에 마침내 그곳을 빠져나와 꿈꾸던 대형 평수의 아파트로 이사할 수 있었다. 아파트로 이사하기까지 나는 단 한순간도 좋은 집으로 이사하는 꿈을 내 가슴에서 내려놓은 적이 없다. 내가 치열하게 하루하루를 버텨내고 힘들어 쓰러질 것 같은 순간에도 주거 이전의 꿈만은 두 손에 꽉 움켜쥐고 절대 놓치지 않았다.

현실과 이상의 상관관계

꿈꾸던 아파트로 이사하고 난 후 넓은 아파트에 마음껏 친구들도 초대했고, 장을 보고 계단으로 짐을 나르느라 땀을 뻘뻘 흘리는 수고를 할 필요도 없다. 아이들과 꿈꾸던 집에서 거실 테이블에 앉아 여유롭게 독서를 즐긴다.

어느 날 동생과 오랜만에 식사 자리를 가졌다. 기분 좋게 식사하던 중 동생이 말했다. "누나, 누나는 큰 집에 사는 게 왜 좋아? 현실을 봐야지, 집만 큰 집에 산다고 행복한 것도 아닌데 굳이 큰 집에 살 이유가 있을까? 누나의 욕심 때문에 다른 가족들이 피해 볼 수도 있어."

급작스레 너무 큰 집으로 이사 오느라 많은 대출로 무리수를 갖고 이사 온 누나를 곁에서 바라보는 동생의 진심 어린 걱정이자 불편한 한마디였다. 현실이 어떻든 너무 극단적으로 미래만 바라보며 달리고 있는 누나의 삶을 걱정하는 것은 당연했다.

동생과 나는 서로 바라보는 관점이 달랐다. 동생은 현실이 중요했고, 나는 미래가 중요했다. 동생은 지금 당장이 중요하고, 나는 이상이 중요했다. 인생 필수재 주거 공간 하나만을 두고도 동생과 나 사이에 시야의 차이가 존재한다는 사실을 발견했다.

96퍼센트의 생각을 하는 대부분의 사람들

....

　나는 가족과 함께 집에서 지낼 때 만족감과 기쁨을 느낀다. 내게 행복을 가장 크게 체감하게 하는 것은 집이다. 내가 원하는 라이프 스타일을 풍족하게 채워주는 99퍼센트는 집이다. 나는 가족과 함께 집에서 지내는 것을 좋아한다. 현재의 집에서 살아가고 있다는 것이 나에게는 매일 기적 같다. 앞으로 더 좋은 집에서 살아보고 싶은 꿈도 갖고 있다.

　동생은 넓고 좋은 집에 사는 것이 사치라고 생각한다. 지극히 현실주의자. 지금 가진 것에 맞춰 더 낡고 오래된 집으로 이사하는 것이 인생의 정답이라고 여긴다. 나를 현실에 맞추는 것이다. 나는 이것이 96퍼센트로 가는 지름길이라고 생각한다.

　96퍼센트의 사람들은 소극적 인생을 산다. 인생이 어려워지면 어려워진 대로 현실에 짜 맞춘다. 사실 추락하고 있는 것인데 현실에 맞춘다고 말한다. 우리는 모두 에스컬레이터에 서 있는 것과 같다. 가만히 있으면 점점 아래로 내려가거나, 퇴보한다. 현실에 안주하고 있는 것이라고 하지만 심각한 착각이다.

　이상을 향해 걷거나 뛰지 않으면 우리는 매 순간 자연스러운 퇴보를 하게 되어 있다. 이것을 '레드 퀸' 효과라 한다.

성공의 비밀을 아는 4퍼센트의 사람들

....

성공하는 4퍼센트의 사람들은 지나칠 정도로 이상에 집착한다. 지금 현실이 아닌 내가 가고자 하는 길, 내가 얻고자 하는 것에 시선을 높인다. 나를 현실에 맞추는 것이 아니라 현실이 나를 따라오게 만드는 비결은 이상을 갖는 것이다. 이상이 높은 사람들은 시간이 얼마나 걸리든, 몇 번의 실패를 겪든 포기하지 않는다. 이상이 현실이 될 때까지 집념을 끝까지 물고 늘어진다. 4퍼센트의 사람들은 이러한 이상과 뚜렷한 비전이 내 미래를 바꾸어 낸다는 사실을 알고 있는 사람들이다.

나는 좋은 사람들을 만나 연애하고 싶다는 사람을 만나면 연애 상대의 구체적 특징을 기록하고 그것을 매일 보고 읽으면 그런 사람을 찾게 된다고 말한다. 또 일터를 바꾸고 싶다고 말하는 사람을 만나면 가고 싶은 일터를 정하고 그곳에 들어가기 위해 어떻게 해야 하는지 지속해서 고민하고 실행하라고 이야기한다.

96퍼센트의 세상 VS 4퍼센트의 세상

누군가가 원대한 꿈을 이야기하면 96퍼센트의 사람들은 이렇게 말할 것이다.

"그런 건 현실에서 이루어지기 어려운 일이야."

4퍼센트의 사람들은 이렇게 꿈꿀 것이다.

"내가 아니면 누가 그런 행운을 차지하겠어? 그 기회는 반드시 나에게 올 거야."

현실은 어디에 있을까? 우리의 현실은 각자의 머릿속에 있다. 같은 공간, 같은 시간을 보내더라도 내가 바라보는 대로 현실이 만들어진나. 내가 바라보는 현실은 지금 어떤 모습인가?

그렇다면 이상은 어디에 있을까? 이상은 가슴 속에 있다. 그래서 이상을 이루어 나가는 것은 이성적으로 계산할 수 없는 것이다. 심장이 머리가 아닌 가슴에서 뛰고 있는 이유는 머리로 수치화하지 말고, 심장이 뛰듯 비전과 이상향을 향해 끊임없이 뛰어가라는 뜻이다. 머리는 이상향으로 가기 위한 좋은 전략을 짜는 곳일 뿐이다. 그렇기에 현실은 이상향으로 가기 위해 충분히 바꿀 수 있는 것이다. 나는 기회가 오는 것을 믿는다. 4퍼센트의 안목을 믿는다. 내가 그 이상을 이뤄낸 사람이기 때문이다.

의도적 차단이 가져올 무제한의 자유

인생은 결코 공평하지 않다

. . . .

"모든 삶은 똑같이 인정받아야 한다."
"인생에서 손해 보는 사람이 없어야 한다."
"모든 사람의 인생은 평등하다."

사회가 불공평하게 흘러가고 있다며, 평등을 외치는 사람들에게서 자주 듣는 말이다. 이런 말을 하는 사람들은 세상을 이중 잣대로 나눈다. 금수저와 흙수저, 성공할 운명을 갖고 태어난 자, 성공과는 거리가 먼 인생으로 태어난 자로 선을 긋는다. 하지만 나는 생각이 조금 다르다. 우리의 출발선은 모두 다르다. 오히려 출발선이 달라서 공평한 것이다. 만약 모든 사람이 같은 출발선상에 놓여 같은 길을 걷고 같은 인생을 살아야 한다면 그것이 더 불행하지 않을까?

우리는 조립식 공장 회전판 위에 놓인 로봇이 아니다. 같은 생각을 하고, 같은 것을 먹고, 같은 인생을 살 필요가 전혀 없다. 그런데 왜 굳이 나와 남을 비교하며 자신을 불평등한 존재로 전락시켜 버릴까? 나보다 남이 가진 것 많게 태어난 것이 불만인가? 그렇다면 그 생각 때문에 나는 세상에서 가장 불행한 인생을 살게 될 것이다. 평생 그 사람보다 못난 2순위로 살아갈 수밖에 없으니까.

"인생이란 결코 공평하지 않다. 이 사실에 익숙해져라"

빌 게이츠가 한 말이다. 우리 인생은 한 가지 정답으로 풀 수 없는 문제들이 훨씬 많다. 그래서 다양한 사람들의 실력과 개성이 필요하다. 서로의 강점으로 돕는 것이 필요하다. 나와 같은 외모에, 나와 같은 생각, 나와 같은 실력을 지닌 사람만 이 세상에 존재한다면 인생을 사는 재미가 있을까? 만약 그렇다면 누가 나만의 유일한 실력과 재능을 알아줄까? 인생에는 정답이 없기 때문에 많은 사람들이 함께 살아갈 수 있는 것이고, 한 번의 기회가 아닌 많은 시도의 기회와 선택사항들이 존재하는 것이다.

출발선이 다르고 각자 자신이 원하는 것을 향해 달려가는 모습이 다르기 때문에 나만의 해답을 찾아내기 위해 많은 시도와 선택을 할 수 있는 특권이 주어진다. 또 내가 찾은 해답이 누군가에게도 해답이 되리라는 법도 없다. 이제 쿨하게 내가 선 곳을 인정하고, 남과 다르게 해낼 수 있는 것에 시선을 바꿔보면 어떨까?

추월차선으로 시야를 바꾸어가는 방법
‥‥

불평과 불만이 생기는 원인은 무엇일까? 지금 가고 있는 곳에 시선이 맞춰져 있기 때문이다. 나는 걷고 있는데 남은 뛰는 것처럼 보인다. 나는 내 앞에 박힌 돌을 빼느라 바쁜데 다른 사람은 날개를 달고 날아가고 있다. 불합리해 보이지만 다른 사람이 날개를 달고 날 수 있었던 것은 부의 추월차선을 타는 법을 배우고 익히고 실행했기 때문이다.

우리도 부의 추월차선으로 옮겨갈 수 있다. 그것은 순전히 자신의 몫이고 스스로의 선택에 달렸다. 추월차선으로 가고 있다고 해서 문제가 생기지 않는 것은 아니다. 문제는 언제, 어디서나 존재한다. 그러니 빠르게 긍정 마인드를 선택하고, 내가 보는 시선을 바꿔야 한다. 내가 가고 있는 곳이 아닌 내가 가고 싶은 곳을 향해 시선을 돌려보라. 무엇이 보이는가? 그곳으로 가기 위해 나는 어떻게 보폭을 더 넓힐 수 있는가?

누구나 출발은 다르지만 보폭은 넓힐 수 있다. 지금부터는 가고 싶은 곳을 찾는 법, 보폭을 넓히는 법을 배워야 한다. 그것이 부의 추월차선으로 시야를 바꾸는 방법이다.

무제한의 자유를 선물하는 의도적 차단
‥‥

내가 책을 쓸 수 있는 시간은 아무도 깨지 않은 새벽 시간 혹은 아무에게도 방해받지 않는 시간에만 가능하다. 특히 새벽 시간에 깨어 불빛 하나에만 의지해 모든 감각을 책을 쓰는 것에 집중하다 보면 평소에 듣지 못하던 소리가 들린다. 냉장고 속 모터가 돌아가는 작은 소리, 화장실 환풍기 소리, 책 쓰기에 도움을 받기 위해 펼쳐진 책의 종이가 움직이는 미세한 소리까지 들린다. 온몸의 세포가 깨어난다. 모든 것이 고요해질 때 비로소 놓치고 있었던 것들이 보이기 시작하는 것이다.

우리 인생도 내가 가고 있는 길이 아닌 가고 싶은 길을 가기 위해서는 먼저 온전히 자극 없는 시간이 주어져야 한다. 평소 우리 주위를 산만하게 만드는 기계 소리, 영상 소리, 감정 소모를 일으키는 자극적인 만남 등으로부터 의도적 차단이 되어야 한다. 이것은 보다 본질로 가기 위해 비본질적인 것들과 잠시 헤어지는 선택이다.

왜 이렇게 의도적 차단을 해야 할까? 자극은 우리가 가고 싶어 하는 창조적 상상력을 발휘할 시간들을 빼앗는다. 또 미래의 흐름을 읽어내려면 미세한 변화들을 감지해야 하는데 평소에 자극에 노출되면 미세한 움직임을 느낄 겨를이 없다. 무엇보다 신중한 결정을 내리기 위해서다. 내가 가고 싶은 길을 고민한다는 것은 나 스스로 그려보고 판단해보고 확신을 갖기 위한 시간을 갖는다는 말이다. 그런 결정을 위해서는 많은 생각이 필요하고, 온전히 감각적 세포를 깨울 수 있는 환경이 만들어져야 한다.

실행은 과감하게 하되, 생각은 신중해야 한다. 의도적 차단 시간은 나에게 충분히 생각할 시간을 주기 위한 선택이다. 이 시간에 고민하고 생각한 결정이 우리 인생에 많은 결과를 바꿔놓을 수도 있다. 보다 나은 미래를 위해 이런 시간을 자주 가질 필요가 있다. 아침부터 저녁까지 온통 자극이 가득한 환경에서 살고 있다면 계속해서 내가 가야만 하는 길로 끌려다닐 수밖에 없다. 내 안의 목소리가 온전하게 들릴 때까지 자극을 최소화해야 한다.

무제한으로 경제적 자유, 시간적 자유를 얻고 싶다면 생각의 자유를 허락하는 시간을 충분히 만들어라. 우리 인생이 선택의 합으로 이루어져 있다는 사실을 안다면 나의 판단을 결코 가볍게 여겨서는 안 된다. 우리는 주변에서 잘못된 선택으로 인해 결과가 한참 잘못되는 경우를 종종 본다. 자극 없는 시간에 나 자신의 생각에 충분히 몰두해보자.

충분히 생각하고 결정한 뒤에는 보폭을 결정하라. 지금 멈춰야 하는지, 걸어야 하는지, 뛰어야 하는지 역시 내 선택에 달렸다. 대신 불평과 불만은 멈추어야 한다. 불평, 불만은 모든 신호를 꺼뜨리는 최고의 연소제다. 심지어 달라지는 것도 없다. 더 최악으로 가는 길을 거둘 뿐.

진정한 추월차선으로 달리는 방법은 출발이 다름을 인정하고 내 보폭을 넓히는 것뿐이다. 자, 이제 시속 몇 킬로미터로 달려볼 것인가?

'돈 잃는 인생'과 '돈 읽는 인생'의 차이

돈을 바라보는 두 가지 관점

• • • •

돈이란 자본주의 세상을 살아가는 필수재다. 인생의 진짜 필수재는 의식주가 아니라 도전할 기회를 만들고, 꿈을 이루어 삶을 변화시키는 '돈'인 것이다. 이 필수재를 바라보는 방향성과 안목을 키우는 것은 중요하다. 그런데 어떤 사람은 갖고 있던 돈마저 허공으로 날리는 반면, 어떤 사람은 '기회와 돈' 두 마리 토끼를 붙잡는다. 무슨 차이일까?

어떤 사람은 기회가 왔을 때 반드시 그 기회를 붙잡는다. 기회를 붙잡을 수 있다는 건 운과 실력을 갖추었다는 뜻이다. 이런 사람이 바로 '돈 읽는 인생'을 살 수 있다. 돈 읽는 인생에는 운과 실력이 있다. 기회가 주는 틈새를 비집고 들어가 손을 뻗친다.

마치 고기떼가 몰려올 곳을 미리 알고 그물을 던져놓는 어부처럼 돈이 향하는 길목에서 두 손을 뻗고 기다리고 있다. 물고기는 떼로 몰려다니는 특성이 있다. 돈도 마찬가지다. 돈이 흐르는 방향으로 몰려다닌다. 결국, 돈이 흐르는 방향을 먼저 읽어내는 사람이 승자다.

반면 '돈 잃는 인생'은 어떤가? 하루 매출 28조 원의 신화를 만들어 낸 사업가 마윈이 말했다. 세상에서 가장 같이 일하기 힘든 사람들이 가난한 사람들이라고 말이다. 그들은 자유를 주면 함정이라고 말한다. 작은 비즈니스를 이야기하면 돈을 별로 못 번다고 이야기한다. 큰 비즈니스를 이야기하면 돈이 없다고 한다. 새로운 것을 시도하자고 하면 경험이 없다고 말한다. 완벽하게 돈 잃는 인생이다.

돈 잃는 사람들은 내 의견보다 경험도 없는 주위 사람들의 사적인 의견을 더 중시한다. 생각은 많은데 실행은 그 생각의 발끝도 못 미친다. 기회가 올 것을 알지만 붙잡을 생각은 못한다. 기다리다가 기회와 세월이 모두 지나간다. 기회를 놓치면 누군가 자신의 기회를 빼앗아갔다고 말한다. 세월이 지나 과거에 자신에게 주어진 것이 좋은 기회였다는 사실을 깨달으면 후회만 한다. 그때부터 과거에 매여 미래에 주어질 기회를 또 놓친다.

이 모든 것은 안전제일주의에서 시작된다. 돈 잃는 인생을 사는 사람들은 바로 앞에 조금만 움푹 파여 있는 웅덩이가 생겨도 절대 밟지 않는다. '저 웅덩이의 깊이가 얼마나 깊을지 아무도 몰

라. 들어갔다가 빠지면 절대 헤어 나오지 못할 거야!' 하지만 그곳엔 수많은 금은보화가 숨어 있었다. 두려움에 떨고 있는 사이 누군가 웅덩이를 파낼 아이디어로 삽을 가져오고, 그 삽으로 웅덩이를 파내 금은보화를 챙겨간다. 눈앞에서 그 장면을 지켜본 돈 잃는 자는 또다시 밤잠을 못 이룬다. 기회를 놓친 안타까움 때문에.

돈 읽는 인생으로 바꾸는 비결
••••

그렇다면 어떻게 해야 돈 잃는 인생에서 벗어나 돈 읽는 인생을 살아갈 수 있을까? 먼저는 돈 읽는 자가 되기 위해 운과 기회를 잡아야 한다. 인생이 비즈니스라고 한다면 내 인생 성과를 만들 전략을 구사해야 한다. 운과 기회는 누구나 할 수 있지만 아무나 할 수 없는 일을 할 때 찾아온다. 1퍼센트의 확률만 존재하더라도 그 1퍼센트의 기회를 잡을 방법을 찾고, 승자가 될 때까지 꾸준히 시도할 때 발견할 수 있다. 사실 돈 잃는 인생과 돈 읽는 인생은 한 끗 차이다. 그러나 이 일을 얼마나 많이, 오랫동안 하느냐를 통해 이 한 끗이 점점 크게 벌어지게 된다.

어떻게 차이를 만들어낼 수 있을까? 운과 기회를 붙잡으려면 먼저 내 심장이 뛰는 속도 이상으로 실행할 수 있는 능력과 운이 내게 있다고 믿어야 한다. 인간에겐 누구나 초자연적인 힘이 있다. 말로 설명할 수 없는 그런 능력 말이다. 그렇지 않다면 자신의 모든 것을 헌신하며 자녀를 키워낸 부모들, 위급한 상황에서 목숨을 담보로 사람들을 구조해 낸 의인들의 이야기는 신화 속에만 존재해야 한다. 당신은 자신을 어떤 사람으로 믿고 있는가? 혹시 보이지 않는 선을 그어 나란 존재를 어떤 틀에 가두고 있진 않은가? 나는 그 틀을 한계라 부른다. 한계를 뛰어넘을수록 내가 붙잡을 수 있는 운과 기회의 크기 역시 한계가 없어진다.

그다음은 진실한 사람이 되는 것이다. 무엇에 진실해야 하는가? 내 마음이 하는 말에 진실해야 한다. 진실하다는 것은 책임을 다한다는 말이다. 내 인생을 남의 기준에 맞추는 순간 나는 하찮은 존재가 된다. 사람의 시선은 기본적으로 나보다 잘난 사람과 비교하게 되어 있다. 다른 사람의 인생을 보지 말고, 내 안에서 나오는 말에 집중하다 보면 나도 꽤 괜찮은 사람이 될 수 있다. 아직 모르겠다면 지금 5분 동안 나의 장점 50가지 써보기를 시도해도 좋다. 내가 이 세상의 70억분의 1의 존재라는 것을 알면 그 어떤 것도 내 우위에 둘 수 없다.

내 안을 바라보면 욕구가 보인다. 내가 어떤 삶을 살고 싶은지, 내가 어떤 사람이 되고 싶은지, 그 욕구가 하는 말에 항상 귀를 기울여야 한다. 그 안에 내 인생 해답이 숨어 있다. 그 욕구를 따라갈 때 내 인생을 책임질 용기가 생기고, 희망이 보이기 시작한다. 어떤 사람은 그 욕구를 따라간 덕분에 인생이 즐겁다고 말하고, 욕구를 무시하고 남에게 인생을 맡긴 사람은 불행하다고 말한다.

마지막은 지금 주어진 것들을 활용하는 능력을 갖추는 것이다. 내게 없는 것을 얻고자 애쓰기보다는 있는 것을 활용하는 것이 더 쉽다. 대부분의 사람들이 현재 없는 것에 초점을 맞춘다. 남의 떡이 커 보이는 것이다. 사실 그렇게 되는 이유는 내게 주어진 무기를 아직 발견하지 못해서다. 자신의 무기가 무엇인지 아는 사람은 그것을 최고 성능으로 키워낸다. 그 무기의 이름은 강점이다. 나에겐 '친절', '심사숙고', '미래지향'의 무기가 있다.

나는 내게 없는 것 대신 있는 것을 최대한 활용하는 법을 익혔다. 친절이란 무기로 내게 오는 많은 인연들과 오래도록 지속할 수 있었고, 미래지향이라는 무기는 미래로 나아가는 방향에 대해 끊임없이 생각하고 그 길을 선택할 수 있었다. 정말 다행인 것은 무기가 없는 사람은 없다는 것이다. 최소 5개의 무기가 내 안에 숨어 있다. 당신은 지금 몇 개의 무기를 쥐고 있는가? 아직 찾지 못했다면 이제 나만의 무기를 찾아낼 흥미진진한 순간이 찾아왔다. 그 무기를 얼마나 잘 활용하느냐에 따라 부를 이루는 운과 기회, 실력을 모두 갖추게 될 것이다.

돈의 주인에게만 주어진 특권

돈에 울고 돈에 웃는 인생

••••

사람들은 돈에 반응한다. 특히 남이 나보다 더 많은 돈을 가질 기회를 얻거나 돈이 많다는 사실을 알면 민감하게 반응한다. 그래서 돈에 관련된 일은 주변에 알리지 않는 것이 현명한 것이다.

당신은 돈이라는 글자에 어떻게 반응하는가? 돈은 우리를 웃게 만들기도 하고, 울게 만들기도 한다. 돈 때문에 자주 울 일이 생기는 사람들은 돈과 삶에 대한 인식이 왜곡되어 있다. 사업을 시작하기 전에는 나도 그랬다. 정확히는 돈을 공부하기 전까지라고 하는 게 맞겠다. 돈 때문에 웃을 일보다 돈 때문에 억울한 일이 더 많았다. 돈을 모르면 돈과 끊임없이 애끓는 밀당을 해야 한다. 조금만 잡아당기려 하면 손가락 틈 사이로 허무하게 빠져 나간다.

돈에 대해 알면 적어도 돈의 패배자는 되지 않을 수 있다. 돈에 대한 삐뚤어진 집착이 돈으로부터 멀어지게 만드는 것이다. 돈에 대한 나의 인식이 어떻게 형성되느냐에 따라 돈의 주인으로 살지, 돈의 노예로 살지 결정하게 된다.

그렇다면 돈의 노예와 돈의 주인은 어떻게 구분할 수 있을까? 사회가 주는 선의와 의도를 명확히 구분할 줄 아는가로 나뉜다.

돈의 노예와 주인의 차이

••••

돈의 노예로 사는 길은 편안하다. 자극적이고 화려하며 즉흥적이다. "열심히 일하라"라는 문장보다 "지금을 즐기라"라는 문장이 진리인 세상이다. 현금보다 카드를 좋아하고 내 삶을 온전히 충동에 맡기면 된다. 화려한 세상에는 모든 것이 준비되어 있다. 당신의 마음을 얻기 위한 명품 시리즈, 즉시 쇼핑 버튼을 클릭할 수밖에 없는 즉석 할인 쿠폰, 충동적 결정을 서두르게 만드는 온갖 종류의 미사여구들, 유행 정보만큼은 신속하게 알려주는 각종 미디어 매체들, 이 모든 것에 시키는 대로 반응하며 살면 된다.

돈의 노예로 사는 길은 사회가 만들어 놓은 선의에 빠르게 반응하는 것이다. 프리드리히 하이에크는 이런 선의에 대해 따끔

한 일침을 남겼다.

"지옥으로 가는 길은 선의로 포장되어 있다."

돈의 주인으로 사는 사람은 삶의 의미에 대해 온전히 집중하고 몰두하며 산다. 평온한 듯 보이나 깊은 내면에 치열함이 숨어 있다. 사회가 시키는 대로 사는 삶이 아니라 내가 살고 싶은 세상을 어떻게 하면 구현해낼 수 있는지 계속 생각하고 고민한다. 그 안에는 자신만의 소신이 담겨 있고, 내가 이루고 싶은 삶을 위해 목표 지향적 하루하루를 만들어가는 의지와 확신이 있다. 돈의 주인으로 사는 사람들은 과거와 현재에 쌓인 시간들이 나의 미래에 멋진 보답으로 다가올 것이라는 결과를 믿는 사람들이다.

돈의 주인으로 살아가는 법

····

돈의 주인이 사랑하는 단어는 '자유'다. 여기서 중요한 것은 방임과 자유를 구분 짓는 것이다. 방임은 자신은 물론 그 어떤 것도 책임지지 않는 것이고, 자유는 자신의 모든 말과 행동에 책임을 지는 것이다. 돈의 주인으로 사는 사람들은 청개구리 삶을 산다. 사회가 시키는 대로 살지 않는다. 남의 말도 잘 듣지 않는다. 대신 자신이 정한 삶의 루틴을 만들어 확고한 가치관이 흔들리지 않게 꽉 붙잡고 산다. 내 인생의 해답은 내가 만들어가는 사람들이다.

책임지지 않는 자유는 가짜 자유다. 돈의 주인이 더 많은 돈을 갖게 되는 이유는 책임을 다한 자에게만 완벽한 보상이 뒤따르기 때문이다. 책임지는 것은 곧 희생이라고 포장하는 사회의 통념을 거부하는 것, 창조적 자립심을 빼앗는 복지의 실체를 다르게 보는 것, 사회가 던지는 익숙한 시스템 안에서 걷기를 거부하는 것, 이런 청개구리 생각을 할 때 돈의 주인으로 살아가는 진짜 안목이 키워진다.

그들이 좋아하는 또 하나의 단어는 '창조'다. 하나의 사건이나 사회적 통념을 거부하고, 자신만의 세상을 창조한다. 돈의 주인으로 사는 사람들의 사고방식은 나에게도 남에게도 이익이 되는 삶을 추구할 수 있는 생각법이다. 사회가 주는 복지에 일희일비하지 않고 생산자로 살 수 있음에 스스로 감탄한다. 돈의 주인이 늘어날수록 사회는 더 부유하게 되고, 나라는 더욱 부강한 국가가 된다.

돈의 노예에서 돈의 주인으로 삶의 방향을 바꾸는 방법은 사회에 선동당하지 않는 것이다. 스스로 왜곡된 미디어가 던지는 이슈에 빠져드는 것, 욜로족, 꼰대, 워라밸 등 사회에서 만들어진 개념을 우상화하는 것이 바로 선동당한 것이다. 이것이 진리인 양 살아가다 보면 여전히 노예의 모습으로 살고 있는 자신을 발견하게 들 것이다.

더 이상 찌질하게 남이 가진 돈을 보며 울거나 웃지 말자. 더 이상 금수저, 흙수저 따위로 우리 인생을 허무하게 만들지 말자.

타인이 아닌 내 안에 돈이라는 명확한 정의를 하나 더 늘리자. 주변에 신경 쓰지 않고, 오직 나의 목표를 위해 매 순간 묵묵히 걸어 나가는 사람이 이긴다. 꾸준한 책임감을 지닌 사람에게 돈의 주인이라는 특권도 주어지는 법이다.

3

Future

10배 큰 모멘텀을 만드는 슈퍼 비전

●

사람과 사람 사이에는 아주 작은 차이가 존재한다.
그러나 이 작은 차이가 엄청난 격차를 만들어낸다.
여기서 작은 차이는 마음가짐이 '적극적인가, 소극적인가'이고
엄청난 격차는 '성공하느냐, 실패하느냐'이다.
- 나폴레온 힐

노력보다 중요한 것

노력이 인생의 답은 아니다.

••••

 1년 중 인생에 대한 기대를 가장 많이 하는 시기는 1월 1일이다. 새해라는 이름은 지난해의 실패들을 만회할 수 있는 좋은 포장지다. 비록 아무것도 가진 것 없는 인생이라도 새날이 시작됨과 동시에 기대와 행복을 머금고 무엇이든 이룰 수 있을 것만 같은 희망 워너비가 된다.
 내 인생에 대한 평가를 가장 많이 하는 시기는 12월이다. 연말이 되면 '반반 인생'을 논한다. 열심히 살지 못한 후회 반, 다가올 새해에 열심히 하면 된다는 위로 반, 또 하나의 반반은 이렇다. 노력하면 다 이룰 수 있을 거라는 믿음 반, '내가 노력한다고 되겠어?'라는 의심 반.

'거울의 법칙'이 있다. 내게 일어난 일들은 내가 생각한 대로 현실에서 나타난다는 법칙이다. 지금 내 마음은 현실에서 어떻게 비치고 있을까? 반반 인생? 헛된 인생? 행복한 인생? 모든 인생에 정답은 없다. 인생 자체를 바라보는 내 관점만 있을 뿐.

인생에서 노력하면 다 이뤄질까? 그게 사실이라면 10번 시도해서 치열하게 노력하면 10번 모두 기적을 맞이해야 한다. 인생에서 실패란 존재하지 않아야 한다. 노력의 질만 다를 뿐 모두가 자기 페이스에 맞춰 노력하고 있을 테니까. 그런데 인생은 왜 정답이 없을까? 최선을 다한 노력만이 답이 아니기 때문이다.

모든 인생은 경우의 수를 지닌다. 주사위를 10번 던져서 3이 나올 확률은 얼마나 될까? 최악이라면 아예 나오지 않을 수도 있다. 즉 10번 시도해도 내가 원하는 결과가 한 번도 나오지 않을 확률이 존재한다는 것이다. 운칠기삼은 이런 상황을 빗대 하는 말이다.

노력이 답이 아니라면 무엇이 답일까? 우리에겐 거대한 자본도, 경우의 수를 100% 뛰어넘을 운도 없다. 대신 인생의 해답을 만들어 갈 보통의 상식들을 활용할 수 있다. 인생의 길잡이가 될 보통의 상식들은 내가 도전하는 인생 게임에서 승리할 확률을 높여준다. 단 번에는 아니더라도 내가 가고자 하는 곳으로 조금씩 나를 데려다줄 수 있다. 보통의 상식을 모른 채로 노력하는 것은 두 눈을 감고 물건을 찾으러 다니는 것과 같다. 보통의 상식들은 노력보다 중요하다.

인생 고수로 가는 타이밍

····

성공 확률을 높이는 인생이 되고 싶다면 먼저 점검해야 할 것이 있다. 바로 타이밍이다. 이것은 투자 고수들이 가장 강조하는 것인데 인생에도 마찬가지로 타이밍이 중요하다. 밀물처럼 운이 몰려드는 타이밍이 있고, 썰물 빠지듯 재빠르게 기운이 빠져나가는 타이밍이 있다. 인생 고수들은 자신의 운이 가득 차는 타이밍을 놓치지 않는다. 기회가 들어오고 있다는 사실을 직감적으로 느끼는 것이다.

그렇다면 자신에게 타이밍이 왔다는 사실을 어떻게 알까? 그리고 어떻게 하면 타이밍을 놓치지 않을까? 인생 고수들이 타이밍을 아는 것은 인생의 썰물 시기에도 포기하지 않고 부지런히 씨를 뿌렸기 때문이다. 농부는 더울 때도 추울 때도 자신의 땅에 꾸준히 씨를 심는다. 날마다 척박한 땅을 고르고 씨앗을 심을 수 있는 이유는 언젠가 그 씨앗이 자라 과실을 맺는다는 사실을 알기 때문이다. 영양 가득한 과실을 맺을 수 있는 것은 농부가 사시사철 쉬지 않고 애정을 담아 관리해 주었기 때문이다. 농부는 게으르지도, 서두르지도 않는다. 다만 과실을 수확할 때와 씨앗을 뿌릴 때를 알고 꾸준히 일구어 간다.

과실을 맺는 시기는 인생의 운이 가득 차는 시기와 같다. 그동안 힘들게 뿌려 놓은 씨앗이 튼실한 과실을 맺으면 적당한 시기에 수확해 제값에 판매한다. 인생 고수들 역시 농번기의 사이클이 인생에도 존재한다는 보통의 상식을 알고 타이밍을 잡는다.

반면 인생 하수는 정확히 거꾸로 간다. 인생이 잘 나갈 때는 삶이 편안하니 마음껏 놀고 마시느라 아무것도 하지 않는다. 인생이 곤해질 때면 막막해진 앞날에 대한 두려움으로 한껏 움츠리고 온갖 불안한 걱정과 변명만 늘어놓는다. 인생 하수들에겐 우연 같은 타이밍의 기적 대신 필연적 실패만 존재한다.

인생의 운전 자본을 만들어라
····

노력에 운을 더해 주는 것이 또 하나 있다. 바로 운전 자본이다. 운전 자본이란 사업을 운영하는데 필요한 여유 자금으로 사업에서 아주 중요한 부분을 차지한다. 첫 창업을 하는 사람들이 자주 실패하는 이유는 운전 자본에 대한 보통의 상식을 모르기 때문이다. 특히 시즌을 타는 사업이라면 운전 자본은 아주 중요한 역할을 한다. (제품이 잘 나가는 시기를 위해 제품을 대량생산할 때 운전 자본이 중요 역할을 한다.) 우리 인생도 잘 풀리게 하려면 윤활유 같은 운전 자본이 필요하다. 인생의 운전 자본이란 무엇일까? 두 가지 의미로 해석해 보겠다.

첫 번째는 '인생을 살아가는 전략'이다. 내 인생에서 잘사는 전략이 있는 사람은 효율성을 아는 사람이다. 전략가는 무모한 도전 대신 현명한 실행을 한다. 사업도, 인생도 극대화된 효율성을 갖추기 위해서는 전략이 중요하다. 앞서 인생에는 타이밍이 존재한다고 했다. 우리에겐 이 타이밍을 활용할 수 있는 전략이 있어야 한다. 잘못된 전략으로 후퇴는 할지라도, 아무 전략도 없이 인생을 살아가는 것은 바로 앞에서 적에게 땅을 빼앗기는 순간에도 눈뜬 봉사가 되는 것과 같다.

전략은 계획과는 다르다. 계획은 미래를 만들어내기 위해 만드는 것이고, 전략은 현재에서 가장 좋은 효과와 효율성을 얻는 법을 찾아내는 것이다. 전략은 10배 성장한 인생을 살아갈 수 있는 아주 중요한 보통의 상식이다. 아무도 내 인생을 책임져 주지 않는다. 인생은 오직 내 책임이다. 내 인생 퀀텀 점프를 위해 적어도 인생 전략 세 가지 정도는 갖추고 있어야 한다.

두 번째는 '최고가 되지 않으려는 마음'이다. 나는 모든 것을 완벽하게 할 줄 아는 마스터 인격체가 아니다. 잘하는 것보다 부족한 것이 더 많다. 어느 때는 억지로 열정을 쥐어짜 낼 때도 있고, 아무것도 하기 싫은 날도 있다. 야식을 먹는 것이 몸에 좋지 않다는 것을 알고 있지만 그렇게 실천하지 못할 때가 더 많다.

최고 대신 유일한 존재가 되고 싶은 것, 이것이 내가 생각하는 성공의 척도다. 누군가와 아등바등 경쟁해서 빼앗기고 빼앗는 것보다는 유일한 나만의 길을 창조해서 나만의 보폭으로 걷거나 뛰는 것이 좋다. 지금껏 그 방법과 루틴대로 지속 가능하게 사업도, 나 자신도 성장해 왔다.

최고가 되려는 마음은 두 가지 피해를 만든다. 첫 번째는 임

의의 경쟁자를 만든다. 경쟁자와 이유 없이 원수가 된다. 서로를 짓밟고 올라가야 하기에 흠집을 내며, 상처뿐인 경쟁 속에 놓인다. 괜한 미움이 커져 인생이 불행해진다. 두 번째는 자만심을 낳는다. 성공 경험을 할 때마다 내가 최고라는 마음을 지니면 사람들로부터 질투를 사고 미움을 받는다.

최고가 되겠다는 마음은 인간의 본성을 이해해야 하는 보통의 상식을 모르기 때문에 생기는 것이다. 최고가 아니라 유일한 사람이 되려고 노력해야 사람들의 관심과 사랑을 받을 수 있고 더 많은 사람들을 도우며 돈을 벌 수 있다. 최고가 되겠다고 마음먹는 대신 이 세상에서 그 누구도 대체할 수 없는 유일한 존재가 되어야 한다.

인생의 변수를 다스리는 '4초'

오감이 아닌 4초 뜯어 고치기

····

누군가 나에게 부탁이 아닌 지시를 내리면 나는 아무것도 하기 싫어진다. 나는 지시를 받으며 내 생각을 제한시키는 상황을 만들고 싶지 않다. 지난 10년간 그런 상황 속에서 많이 방황하고 흔들렸기에 다시 돌아간다고 생각만 해도 오금이 저린다.

과거의 삶으로 다시 되돌아가지 않으려면 지금 내 삶이 내가 생각하는 대로 흘러가고 있는지, 생각 당하고 있는지 자주 의식해야 한다. 생각하는 대로 살지 않으면 사는 대로 생각하게 된다. 생각하는 것 자체가 매우 힘든 노동이므로 의식해서 생각하지 않으면 생각하는 것과 멀어진 하루를 살게 된다. 생각이라는 의식의 침전물이 가라앉기 전에 자꾸 휘저어 주어야 한다.

어떤 사람들은 인생을 감각적으로 살라고 한다. "인생 뭐 있어?" "흘러 가는대로 사는 거지" 정말 그럴까? 파도는 잔잔히 흐르다가 갑자기 급변한다. 너울성 파도는 잔잔했던 바다를 단번에 뒤흔든다. 해일은 어떤가? 해변가 주변까지 덮쳐서 주변 터전을 모두 앗아간다. 흘러가는 대로 살다가 너울성 파도에 휩쓸려 가는 것은 일순간이다. 인생에도 언제, 어디서 나타날지 모르는 너울성 파도가 존재한다. 모르긴 해도 한 사람의 인생에 서 너 번은 불어 닥칠 것이다. 건강이라는 이름으로, 인간관계라는 이름으로, 진로라는 이름으로, 재정이라는 이름으로 나의 인생에 적신호를 켜고 급격하게 흔들고는 사라질 것이다.

인생은 감각으로 사는 것이 아니다. 시각, 청각, 후각, 미각, 촉각의 오감은 삶을 연명하고 느끼게 하는 데 중요한 요소지만 잘 살게 하는 요소로서의 의미를 채우지는 못한다. 화려하지 않아도 지금보다 더 나은 삶, 10배 더 잘 사는 삶을 꿈꾸기 위해서는 감각보다 한 차원 높은 것이 필요하다.

파도 같은 인생에서 살아남는 스킬 '4초'

내 인생에서 급격히 나타나는 너울성 파도에 재빠르게 대처하기 위해서는 '4초'가 필요하다. 4초란 '초자아', '초집중', '초스피드', '초연결'이다. 이 네 가지는 인생에 들이닥치는 위기를 관리하는 스킬이자, 뿌리다. 4초의 뿌리를 잘 다듬고 꾸준히 가꾸어 주면 내 인생을 10배 성장시키는 것쯤은 문제없다. 4초가 우리 삶에서 어떻게 쓰이는지 알아보자.

자신을 마음껏 사랑하는 '초자아'

누구나 자아가 존재한다. 자의식이 강한 사람은 인생의 CEO다. 내 인생을 누구에게 맡기지 않고 스스로 만들어 간다. 누군가 관여하거나 간섭하는 것도 좋아하지 않는다. 초자아를 가진 사람은 나 자신을 사랑하는 것과 남을 사랑하는 것이 동의어라는 사실을 안다. 그래서 먼저 자신을 마음껏 사랑해 준다. 자기 자신을 마음껏 사랑할 줄 아는 사람은 인생을 흥청망청 소비하는 사람이 아니다. 어떤 상황에서도 끊임없이 성장하는 경험을 제공하고 자신이 성장했음을 마음껏 기뻐하는 사람이다.

나에게 맞는 길을 찾는 '초집중'

집중하는 힘은 훈련이 필요하다. 어떤 것을 포기하고, 구분해 내고, 선택하는 것이 집중의 힘이다. 노력만 한다고 해서 집중이 잘 되는 것이 아니다. 포기할 줄 아는 지혜도 함께 가져야 한다. 이때 중요한 것은 우리가 한 번에 선택할 수 있는 길은 한 개가 아니라는 사실이다. 집중은 한 길을 선택하는 것이 아닌 나에게 맞는 길만을 선별할 줄 아는 능력을 키우는 것이어야만 한다. 이것이 제대로 된 초집중이다.

시간의 저항을 이겨내는 '초스피드'

우리 모두는 시간과의 싸움을 해야 한다. 1등 하기 위해서 시간과 싸우는 것이 아니다. 내 인생의 특이점을 넘기 위해서다. 시간은 우리를 미래로 이끈다. '초스피드'를 갖는다는 것은 쉬고 싶고, 안주하고 싶고, 머물고 싶은 우리의 마음에서부터 오는 시간적 저항을 줄여 간다는 뜻이다. 우리가 시간을 멈추게 하거나, 역행시킬 수는 없지만, 시간의 저항으로부터 이겨내면 적어도 남보다 덜 후회할 수 있다. 초스피드를 갖추기 위해 우리는 생각하면서 행동하고 행동하면서 생각해야만 한다.

경계를 허무는 '초연결'

온라인 세상과 AI가 급속히 발달하면서 물리적 거리가 무의미해졌다. 세계는 점점 더 경계가 허물어지고 있다. 단면적인 삶에서 입체적인 삶으로 바뀌고 있다. 그에 발맞춰 우리도 변해야 한다. 연결하는 방식을 배우고, 연결점을 찾아 두 점 사이를 이어야 한다. 나 스스로 무언가에 경계를 치고 있지는 않은가? 내 생각의 경계, 행동의 경계, 모든 경계를 조금씩 허물어나가자. 생텍쥐페리의 《어린왕자》는 1943년에 쓰인 고전이지만 여전히 우리 마음속에 살아남아 동심의 마음을 흔든다. 성인이 되어도 동심의 마음을 연결해 주는 어린 왕자 덕분에 우리 인생은 여전히 맑고 찬란하게 빛난다. 내 인생은 어떤 것들을 연결하고 있는가?

위기에 대처하기 위해 '4초'를 점검하자

4초는 표류하는 인생만 즐기던 사람이 도전하게 하고, 생각과 행동을 바꾸고, 삶의 패턴을 바꾸어 내기 위해 존재한다. '4초'를 바꾸고 실행한다는 것은 인생을 바라보는 렌즈를 갈아 끼우는 것이고, 인생 굴곡의 시간마다 뿌옇게 흐려진 렌즈를 선명하게 닦아내어 더 잘 걸어갈 수 있게 돕는 것이다.

그러나 알고 있다는 것으로 만족하고 끝나면 아무런 의미가 없다. 아는 것을 넘어 실행해야 하는 목적과 목표가 분명해야 행동으로 옮길 수 있고, 삶도 바꾸어 낼 수 있다.

4초는 평소에 쌓아두어야 한다. 그래야 인생에서 위기가 닥쳤을 때 미리 생각하고 관리해 둔 익숙한 스킬을 실제로 활용할 수 있다. 머리로만 알고 있지 말고, 직접 몸으로 익혀야 한다. 위기가 올 것을 미리 알고 위기를 대처할 능력을 만들어 낼 때 활용해야 한다.

미국 9.11 테러 사건이 있던 날, 평소 위기관리 능력을 가꾸어 둔 한 남자는 무사히 생존할 수 있었다. 그 사람은 어떻게 무사히 탈출했을까? 세계 무역 센터에서 근무하고 있던 남성은 평소 운동을 고민했고, 운동문제를 해결하기 위해 엘리베이터 대신 세계 무역 센터 계단을 자주 이용해서 걸어 다녔다. 꾸준한 계단 운동으로 계단의 위치와 모형을 인식하고 있었던 남성은 테러가 일어난 날 엘리베이터가 아닌 계단을 통해 내려와 극적으로 생존할 수 있었다. 이처럼 평소 어떻게 생각하고 어떻게 행동하느냐가 위기 때 어떤 결과를 만들어 내는지의 차이를 만든다.

  누군가의 지시를 받는 삶을 살고 싶지 않다면, 생각의 침전물이 가라앉아 녹슬 때까지 아무 일도 하지 않을 계획이 아니라면 나의 4초를 점검해보자.

언제까지 과거에 머무를 것인가

최대한 작게, 한꺼번에 시도하는 인생 멀티유저 되기

....

나는 미래지향형 인간이다. 내 인생에서 가장 행복한 순간은 미래를 그려볼 때이고, 가장 뿌듯한 순간은 머릿속으로만 그리던 미래가 현실로 이루어졌을 때다. 과거를 떠올리면 가슴 한편이 답답해지고, 우울하고, 나 자신이 한없이 초라해진다. 가진 것이 없어서 마음대로 선택할 수도 없었고, 미래를 꿈꾸는 것은 허공에 외치는 메아리였다. 뼈아픈 과거를 들춰낼 때마다 과거에 대한 회의감이 밀려왔다.

다시 과거로 돌아간다면 인생을 리모델링하고 싶다. 현재와 같은 미래가 펼쳐질 줄 알았다면 아무리 찌질한 인생이라 해도 확신을 갖고 꾸준히 도전할 것이다. 먼저 선택지에 대한 제한을

없애겠다. 내 선택지는 A와 B만 있는 것이 아니었다. A-와 A+도 존재했고, B-와 B+도 존재했다. 그 사이에 수많은 소수점 선택도 존재했을 것이다. 또다시 선택해야 하는 상황에 놓인다면 나는 작게, 모든 것을 한꺼번에 시도해보겠다. 내 시선 안에 존재하는 선택지를 하나라도 더 시도해보려고 노력해 볼 것이다. 즉 선택사항의 멀티유저가 되겠다.

과거가 아닌 미래의 시야를 넓힌다
····

선택의 폭을 넓히려면 시야의 스펙트럼이 중요하다. 과거에만 머무른 시선은 앞에서 잡을 수 있는 기회를 놓치게 만든다. 카이스트에 766억 원을 기부한 이수영 회장이 말한 부자가 되는 방법은 두 가지가 있다. 첫째, 근검절약한다. 둘째, 기회는 앞에서 잡아야 한다. 내 시야가 과거와 현재에만 존재한다면 앞에서 다가오는 기회를 잡을 수 없다. 저 멀리 미래에 벌어질 기회와 에피소드를 향해야 한다.

과거는 바꿀 수 없지만, 미래는 원하는 대로 만들어 낼 수 있다. 내 미래가 잘 될 것이라는 확신이 선다면 꾸준히 미래를 꿈꿔야 한다. 현재에 일어나는 일련의 사건들로부터 저항해 나 자신의 꿈을 지켜내는 방법은 성공적인 미래를 상상하며 가꿔가는 것뿐이다. 과거가 아니라 미래를 바라보는 시야가 현재의 고통을 이겨낼 수 있게 돕는다.

만약 내 시선이 과거로 회귀하려고 한다면 현재의 자신을 깨뜨리는 것에 대한 두려움을 느끼고 있는 것이다. 두려움과 후회 때문에 과거에 발목을 잡힌다면 과거라는 쳇바퀴에서 영원히 탈출할 수 없다. 그럴 때는 나의 두려움을 줄여줄 긍정적 피드백을 주는 멘토나 지인을 찾아 연락하라. 어쭙잖은 위로가 아니라 비전과 에너지를 듬뿍 심어줄 사람이어야 한다. 적어도 나보다 두세 단계 우위에 선 사람, 내가 걷고자 하는 길을 먼저 걸어간 사람이 진짜다. 진짜가 해주는 조언은 담백하다. 꾸밈이 없다. 당신이 두려움을 느끼는 지점, 과거로부터 묶여 있는 장벽을 허물어 줄 것이다. 어떻게 해서든 과거로부터 묶여 있던 묵은 동아줄을 과감하게 끊어내야 한다. 과거는 어차피 죽은 시점이니까.

그다음은 어떻게 해야 할까? 당신의 내공을 업그레이드해야 한다. 지금부터는 당면한 현실 너머를 바라보기 시작해야 한다. 전지적 미래 시점을 즐겨야 한다. 지금부터 1년 후, 5년 후, 10년 후 내 모습이 어떻게 달라질 것 같은가? 아주 구체적이고 생생하게 꿈꾸고 그려볼 수 있어야 한다. 눈 앞에 펼쳐진 도화지가 있다. 먼저 무엇을 채우고 싶은가? 커다란 전원주택, 1000명이 꽉 찬 화려한 무대, 나의 자존감을 한껏 올려줄 유니폼, 무엇이라도 좋다. 더 행복한 인생, 더 나은 내일이 펼쳐지도록 생생하게 꿈꾸고 그려내자. 이때 주의할 점이 있다. '나는 안 돼'라는 생각은 눈곱만큼도 허락하지 말자.

처음에는 불투명함을 지우는 것부터 시작한다. 흐릿해서 잘 보이지 않지만 그 안에 무언가 가려져 있다는 것을 인지한다. 뿌옇게 가려진 흐릿한 안개 더미를 하나하나 도화지 밖으로 걷어내 보자. 점점 생생해진다. 생생해진 모습 사이에 내 감정도 끼워 넣어 보자. 그 모습을 떠올리면 어떤 생각, 어떤 기분이 드는지 떠올려본다. 그렇게 한 단계씩 내 미래로 시야의 스펙트럼을 넓혀가 보자. 다시 시야가 현실로 돌아오면 잠시 심호흡을 하고 미래 시점으로 전진하면 된다. 과거나 현재 시점으로 되돌아가는 것을 두려워하지 말자. 반복할수록 뇌 속에 더 선명하게 저장된다.

'위기'의 본질
····

사실 우리 인생은 과거, 현재, 미래로 나누어진 것이 아니다. 인생은 하나의 연속선상에 있다. 과거에 했던 경험은 깨달음과 배움을 주었을 테고, 현재의 시간은 나의 생산성을 높이게 했고, 미래에 다가올 경험은 나를 더 나은 사람으로 성장시켜 줄 것이기에 소중하다. 인생은 게임과 같다. 한 번 실패했다고 끝나는 것이 아니라 기회라는 보너스가 항상 존재한다. 사람들은 기회가 주어지는 것을 운이라고 부른다. 기회를 잡기 위해서는 기회라는 녀석의 특징을 알아야 한다.

기회는 모든 인생 안에 존재하지만, 굉장히 불공평하다. 기회는 몰래 찾아오기 때문에 기회를 찾으려고 움직이는 사람에게

만 보인다. 순식간에 지나쳐 가기에 가만히 있으면 잠깐 머물다 빠르게 스쳐 지나간다. 또 기회는 위기 속에 숨어서 몰래 다가온다. 인생에 반전이 있는 이유는 모든 위기 안에 기회가 숨어 있기 때문이다. 위기라는 말이 '위험과 기회'임을 우리 모두는 알고 있다. 다만 누군가는 위험 속 기회를 발견하고, 누군가는 위험 속에 허우적대다가 기회를 떠나보낼 뿐이다.

 세상에서 가장 위험한 삶을 사는 사람은 미래에 대한 생각조차 하지 않는 사람이다. 부디 과거의 고통스러웠던 순간만을 떠올리며 후회하는 우를 범하지 말자. 잠시 고개를 들어 미래라는 녀석을 빨리 데려오도록 노력하자. 모든 사람은 행복한 미래를 누릴 권리와 의무가 있다.

하루 중 가장 비싼 시간

문득 떠오르는 아이디어를 대하는 반응의 차이

‥‥

매일 아침 눈을 뜨면 새로운 아이디어가 스파크처럼 머릿속에서 떠오른다. 스마트폰에 떠오른 아이디어를 메모하고 이렇게 생각한다. '대박 아이디어다. 어떻게 하면 실행할 수 있지?'

내 아이디어를 생각으로 구현해보고, 실제 이루어진 것처럼 머릿속에서 시뮬레이션을 돌려본다. 아주 작게라도 그 아이디어를 삶 속으로 끌어들이려고 부단히 시도한다.

급작스레 떠오른 아이디어가 너무 좋아서 주변 아는 분들께 몇 번 알렸더니 이런 반응이었다.

"그거 자본금이 너무 많이 필요한 것 같아." "지금 세상이랑 너무 안 맞는 것 같은데?" "이걸 해낼 실력이 될까?" "시간이 너무 오래 걸릴 것 같아. 지금 할 일도 많은데…" 시도하기도 전에 생각부터 많아진다.

그럼 시간이 지나 그들은 더 좋은 아이디어를 떠올릴까? 아무것도 찾지 못한 채 남의 아이디어에 첨언해 준다며 여전히 자신의 의견만 전달하고 있는 사람들이 더 많다.

사업을 하면서 어떻게 사업을 이렇게 키웠냐고 질문해주시는 분들이 많다. 내가 잘나서 사업을 잘 키운 것은 아니다. 사업은 운과 실력이 함께 존재할 때만 잘 굴러갈 수 있기 때문이다. 즉 사업을 잘하는 것에 정답은 존재하지 않는다. 다만 내가 만나본 성공한 사업가들과 이야기를 들으면서 깨달은 점이 있다. 떠오른 아이디어가 있으면 즉시 실행한다는 것이다.

그런데 사업을 하고 싶거나 무언가 도전하고 싶지만 아직까지 시작하지 못한 사람들이 더 많다. 왜 그럴까? 생각이 너무 많아서다. 시작하지 못하는 사람들은 자신의 생각으로부터 자유로워지지 못한다. 자신의 생각을 과대평가하거나 혹은 무시한다. 생각 속에 갇히면 생각이 또 다른 생각을 낳고, 실행을 가로막는다. 생각으로부터 가장 자유로워지는 법은 아이러니하게도 생각에 매몰되지 않는 것이다.

생각만 많은 사람들은 용기보다 두려움에 지배당한다. '잘 될 거야!'의 느낌표가 아닌 '잘 될까?'의 물음표가 꼬리처럼 따라다닌다. 왜 그럴까? 그들에게 도전의식이 부족해서가 아니다. 내가 아닌 타인의 눈치를 살피느라 도전하지 않는 것이다. 남들의 평가가 두렵기 때문에, 실패하는 것이 두렵기 때문에, 생각만 할 뿐 머뭇거리다 모든 것이 끝난다. 그런 생각은 나의 진짜 생각이 아니다. 생각의 탈을 쓴 변명주머니일 뿐이다. 남이 만들어 놓은 프레임에 내 가짜 생각을 맞추는 것은 어리석은 일이다. 결국, 생각이 너무 깊어지면 생각에 의해 침몰된다.

생각에 매몰되지 않으려면 '나' 자신을 가장 우선순위에 두어야 한다. 내가 나 스스로를 컨트롤할 수 없는 것은 생각하는 척하는 것일 뿐, 결국 내 생각을 모르는 상태와 같다. 생각의 중심에 내가 있으면 보다 나답게 생각의 힘을 뻗어 나갈 수 있다. 다른 사람의 생각은 참고만 하는 것이다. 그것이 내 생각과 일치하든, 일치하지 않든 다른 의견을 들어보는 것은 재미있는 일이다. 내 생각의 주인이 되기 위해서는 나만의 원칙과 기준이 있어야 한다.

투자의 귀재 워런 버핏은 주식 투자의 기준이 있다.

1. 원금을 잃지 않는다.
2. 1번 항목을 지킨다.
3. 1, 2번 항목을 반드시 지킨다.

투자의 고수조차 원칙이 있는데 내 삶은 어떤가? 몇 개의 기준을 갖고 있는가? 기준과 원칙이 없다면 내가 아무리 좋은 생각이라고 생각해도 그것을 스스로 판단할 수 있는 근거나 확신이 서지 않는다. 그런 상태에서 남에게 의견을 물어본들 무슨 의미가 있을까?

내 생각의 판단 근거는 나 자신의 원칙과 소신이어야 한다.

과연 세상에 최고의 생각과 최고의 선택이라는 것이 존재할까? 생각에 따라 그럴 수도 있다. 하지만 나는 그것을 실행해보지 않고는 그 생각이 과연 최고의 생각인지 알 수 있다는 말에는 동의할 수 없다. 실행도 없이 결과를 점칠 수 있는 사람이 존재한다면 그 사람은 이미 정상에 존재하고 있어야 한다. 워런 버핏조차도 주식 투자에 가끔 실패한다.

생각을 크게 하는 것 vs 최고의 생각을 찾아내는 것
••••

돈 버는 능력을 키우기 위해서 생각을 크게 하는 것은 중요하다. 하지만 최고의 생각을 찾아내야 한다는 것에 대해서는 동의가 되지 않는다. 우리는 매일 최고의 선택처럼 만들어지도록 최선의 선택을 해 나가고 있을 뿐이다.

나와 인연이 된 멘토분들이나 성공한 사업가분들에게 성공의 비결을 물으면, 그들은 이렇게 답한다. "내 생각을 적립하는 시간과 그것을 다듬는 시간을 충분히 갖는다. 그리고 생각이 명확하게 정립되면 곧바로 실행에 옮긴다." 그들은 생각을 많이 해서 성공한 것일까? 실행했기 때문에 성공한 것일까? 추측하건대 최고의 생각과 선택사항은 존재하지 않는다는 것을 인정하고, 내가 세운 원칙 아래서 충실히 생각하고 즉시 실행했기 때문일 것이다. 생각이 많아질 때마다 이렇게 말해야 한다.

"나는 최고의 방법을 원하는 것이 아니야. 현재보다 더 낫게 도와줄 아이디어와 실행력이 필요한 거야."

내 생각에 조금 더 솔직해질 필요가 있다. 생각에 솔직해지려면 불필요한 생각 더미들은 분리수거 해야 한다. 찌꺼기는 버리고 영양가 있는 생각을 채워 넣어야 한다. 그렇게 하기 위해 중요한 것은 나만의 '생각 타임'을 갖는 것이다.

이 시간은 잠들기 직전에 가지면 좋다. 나는 침대에 누우면 매일 5분간 생각할 시간을 갖는다. 이때 내가 가고 있는 방향성을 점검하고, 목표를 이루기 위해 가장 우선시해야 할 일들의 우선순위를 매긴다. 그다음에 필요한 것은 기록하는 시간이다. 기록하는 시간은 아침에 눈 뜨자마자 5분이다. 기록하기 위해 무언가를 챙기고 준비해야 하는 것은 아니다. 스마트폰 메모 하나면 모든 기록과 아이디어를 놓치지 않을 수 있다. 나머지 23시간 50분(잠자는 시간 포함)은 기록한 생각들을 실행하고 만들어나가는 시간으로 채워야 한다. 생각하는 시간 5분과 생각을 기록하는 시간 5분이 매일 쌓이면 어떤 일이 벌어질까?

'넘사벽 인생'은 생각의 파편들을 연결고리에 끼워 넣고 누적시키면서 만들어지는 것이다. 나는 이 스킬을 매일 활용해서 사업을 16배 성장시켰다. 인생 최고의 꿀 조합은 생각과 실행의 조합이다.

부디 생각으로부터 자유로워지자. 생각의 물음표 대신 느낌표를 채워 넣자. 소리 내어 세 번 외쳐 보라.

"무엇이든 잘 될 거야!"

돈이 쌓이는 구조의 비밀

사업 후 깨달은 인생의 비밀

••••

"일요일 내가 짜파게티 요리사!"라고 말하던 짜파게티 광고 속 명대사가 떠오른다.

실제로 우리 집은 일요일 점심이 항상 라면이었던 것 같다. 사업하면서 일요일도 월요일 같이 일을 해야 했기 때문이다. 사업 초기 나에겐 사업 밖에 내 삶을 바꿀 수 있는 선택지가 없었다. 사업을 어느 정도 성공의 궤도에 올릴 때까지는 전적으로 사업에 올인해야만 했다.

그런데 바쁜 엄마 탓인지, 툭하면 두 아이들이 번갈아 가면서 아팠다. 큰아이는 비염 때문에 고생하고, 둘째는 가끔씩 찾아오는 열감기로 며칠을 앓아누웠다. 사람들은 젊은 나이에 사업으로 돈도 많이 벌고, 좋은 일 한다며 칭찬해줬다. 하지만 나는 엄마의 역할 중 많은 부분을 사업에 쏟아부어야 했기에 좋은 엄마는 아니었다. 돈을 많이 벌면 벌수록 결국 가정에 빨간불이 들어오는 횟수가 잦아졌다. 이런 일이 반복될수록 일과 가정의 균형에 대한 딜레마가 항상 숙제처럼 따라다녔다.

문제를 맞닥뜨릴 때마다 질문이 꼬리에 꼬리를 물고 머릿속에 맴돌았다. 혹시 내가 나의 가치를 잘못 판단하고 있는 것은 아닐까? 모든 것을 잘 해낼 수 있을 거라고 스스로 과대평가 하고 있는 것은 아닐까? 그러다 중요한 사실을 하나 깨달았다. 모든 인생은 오직 한 가지 일에만 집중할 수 없다는 사실이었다.

입체적 인생을 만드는 네 개의 기둥

····

인생은 단면이 아니라 입체적이어서 흔들리지 않으려면 기둥이 단단하게 받치고 있어야 한다. 그런데 한 쪽 기둥에만 매달려 다른 세 개의 기둥을 세우지 않으면 버티지 못하고 무너진다. 기둥 하나를 아무리 견고하게 만든다 해도 결국 균형이 깨져 버린다.

우리 인생은 네 개의 기둥으로 세워져 있는데 각각 탄탄히 서 있지 않으면 인생의 불균형이 생겨 결국 불안정한 인생이 지속될 뿐이다. 불안정한 인생이 계속되면 돈을 아무리 많이 벌어도 다른 기둥이 무너져 그곳으로 돈이 빠져나가게 된다. 그와 반대로 인생에 필요한 네 개의 기둥을 단단히 고정시켜 두면 지속적으로 성공을 경험하게 되고, 돈이 쌓이는 구조를 만들 수 있게 된다.

기억해야 할 것은 네 개의 기둥은 영원히 고정되어 있지 않다는 것이다. 그래서 지속적으로 기둥이 잘 세워져 있는지 점검해야 하고 관리해 주어야 한다. 이것이 인생이 순항하게 하는 방법이다. 우리는 이 네 가지 기둥의 특성을 이해해야만 한다.

삶의 질을 결정하는 '업(業)'의 기둥

업의 기둥은 생활 수준에 큰 영향을 준다. 우리의 삶을 변화시킬 수도 파괴할 수도 있기 때문에 어떤 업을 선택하느냐는 삶의 질을 결정짓는 중요한 요소다. 혹시나 업을 잘못 선택했다고 걱정하지 마라. 업의 기둥에는 기회가 많아 내게 맞지 않는 업을 선택했다고 해서 끝이 나는 것이 아니다. 오히려 반면교사로 삼아 더 나은 업을 찾을 수 있다.

좋은 업의 기준은 내가 매일 몰입해도 놀이처럼 즐길 수 있느냐에 따라 다르다. 나에겐 사업이 놀이다. 사업은 매일 외줄타기를 하는 기분이지만 그만큼 아슬아슬해서 더 매력적이다. 그리고 그 외줄을 안전하게 건너왔을 때 무한한 성취감이 나를 반긴다.

평소에 잘 돌봐야 하는 '가정'의 기둥

가정은 보금자리이면서 안식처다. 업의 기둥은 깨져도 다시 이어 붙일 수 있지만 가정 기둥은 깨지면 회복이 거의 불가능하다. 그래서 항상 가정이라는 기둥은 평소에 잘 돌봐주어야 한다. 가정의 기둥에 금이 가기 시작하면 순식간에 무너져 내린다. 가정의 기둥이 깨지면 다른 기둥이 아무리 잘 세워져 있어도 마음의 평안이 없다. 그렇기 때문에 평소에 충분히 가정에 관심을 갖고 함께 하는 시간의 질을 높여야 한다. 다른 것을 성공시키기 위해 가정의 희생을 강요한다면 얼마 못 가 크게 불리한 상황이 닥치게 될 것이다.

자신에게 귀 기울이는 '영성'과 '자아실현'의 기둥

영성은 우리 내면의 목소리다. 우리 삶은 내면의 목소리에 집중할 때 더 의미가 깊어진다. 내면의 목소리를 듣기 위해서는 때때로 고요한 혼자만의 시간이 주어져야 한다. 아무에게도 방해받지 않는 혼자만의 시간에 들어갈 때 나의 직관이 말을 걸어온다. 너무 바쁘기만 하면 내면의 고갈을 알아채지 못한다. 내면이 건강하지 못하면 역시 좋은 선택을 할 수 없다. 내가 원하는 삶이 아닌 선택 당하는 삶을 살게 된다. 내 인생을 온전히 사랑하는 방법은 내면의 목소리에 귀를 기울이고 나 스스로를 발전시켜 자아실현 과정을 즐기는 것이다.

꾸준함이 필요한 '건강'의 기둥

가정 기둥과 마찬가지로 건강 기둥에 금이 가면 모든 것을 잃을 수도 있다. 건강 기둥은 두 가지 측면을 모두 돌봐야 한다. 하나는 육체적 건강이고, 다른 하나는 정신적 건강이다. 이 둘은 서로 유기적으로 연결되어 있다. 육체적 건강은 평소 식단과 운동습관으로 관리할 수 있고, 정신적 건강은 유익한 사람들과 함께하며 건전한 커뮤니케이션을 하면서 이뤄나갈 수 있다. 평소 정신 건강을 위해 나의 감정을 조절하는 연습을 꾸준히 해내는 것도 좋은 방법이다. 웨인 다이어는 '내 몸은 내가 사는 집'이라고 했다. 건강 기둥의 중요성은 아무리 강조해도 지나치지 않다.

앞서 말했듯이 하나의 기둥에만 너무 초점을 맞추면 나머지 세 개가 동시에 무너지는 함정에 빠지게 된다. 정원사가 때마다 나무를 다듬고, 정원을 가꾸듯 네 개의 기둥을 고루 관리해야 한다. 네 개의 기둥은 서로 유기적으로 연결되어 있음을 잊어서는 안 된다. 숲의 관점으로 바라보지 않으면 유기적으로 구성된 이들은 즉시 붕괴될 것이다. 네 기둥을 꾸준히 관리해야 행복한 인생을 완성할 수 있다. 이것이 바로 돈이 쌓이는 구조의 비밀이다.

우리 집 주말에 어느새 짜파게티 식단이 사라졌다. 대신 먹고 싶은 메뉴를 아이들이 번갈아 가면서 정하기로 했다. 사업도 번창하면서 아이들이 아프지 않고 건강하게 자라는 비결은 네 개의 기둥 중 하나인 가정이라는 기둥을 더욱 견고하게 다듬어 나가면 된다. 사업가의 완성은 가정의 평안이 먼저 완성되었을 때 더 완벽해진다. 오늘은 아이들과 함께 장을 좀 봐야겠다.

모든 인생에 존재하는 세 가지 줄

꿈과 현실을 좁혀나가기

••••

12년 전으로 돌아간다면 나는 한 달에 얼마를 벌 수 있을까? 그 당시 나는 한 달에 180만 원 정도의 월급을 받았었다. (당시 나는 8년 차 교사였고, 글을 쓰고 있는 지금보다 11년 전이다.) 유아 교사는 박봉이라는 쓴소리를 들으면서도 교사라는 사명감의 무게가 돈보다 컸다. 지금은 유아 교사 대우가 훨씬 좋아졌다고 한다. 12년이 흐른 지금 나의 한 달 매출은 그때보다 16배 정도 차이가 난다. 만약 직장인으로서 12년의 시간을 보냈다면 연봉만 조금 올랐을 뿐 16배 차이는 먼 나라 이야기처럼 여겼을 것이다.

12년 전 나는 소박한 꿈을 이루기도 어려워 보였다. 30평대 내 집 마련, 주말이면 아이와 맛있는 음식을 먹고 곳곳을 돌아다니며 함께 할 수 있는 근사한 주말, 만나면 행복해지는 사람들과 함께하는 점심 식사, 남편과 가보고 싶었던 해외여행의 꿈들, 월급으로 한 달 생활하기도 빠듯한 나에게 소박한 꿈은 그저 사치일 뿐이었다.

여기서 인생의 갈림길이 두 갈래로 나뉜다. 꿈을 저 멀리 떠나보내는 사람과 어떻게든 그 꿈을 현실로 가져오는 사람, 내 경험에 비춰보자면 꿈만 꾸고 있는 것보다 꿈과 현실의 거리감을 좁혀가는 것이 더 빠르다. 선택의 길에서 나는 언제나 더 어려운 길을 택했다. 많은 사람들이 가지 않는 길을 택했다. 사업도 그렇게 시작되었다. 직장에 있을 때와 사업을 할 때는 마음가짐부터 생각하는 방식까지 모든 구조와 로직 체계가 바뀌게 된다. 돈을 버는 능력치도 완전히 바뀌게 된다.

인생의 '세 가지 줄 가꾸기

....

어느 날 우리 부부가 최악의 위기를 맞은 가장 큰 원인이 무엇일까? 고민해 보았다. 여유가 없던 현실 탓도 있겠지만 그보다 더 근본적인 원인은 선택적 오류의 누적이었다. 잘못된 결과는 잘못된 원인들이 누적되어 발생한다. 근본적 원인을 뿌리 뽑지 않으면 잘못된 결과의 패턴이 반복된다. 그 질문 하나로 인생에서 가꿔야 할 줄이 있다는 사실을 깨달았다.

인생에는 세 가지 줄이 있다. 하나는 과거라는 줄이다. 또 하나는 현재라는 줄이다. 마지막 하나는 미래라는 줄이다. 우리 모두 시간의 연속선상에 놓인 삶을 살고 있는 중이다. 세 가지 줄을 어떻게 가꾸느냐에 따라 인생이 달라진다. 내가 만약 과거의 줄을 잘 관리했다면 현재의 줄도 꼬이지 않았을 것이다. 마찬가지로 현재의 줄을 잘 관리하면 내 미래는 무한한 성공의 길을 안내할 것이다.

과거의 줄은 어떻게 관리할 수 있을까
····

안타깝게도 과거는 다시 되돌릴 수 없다. 그러므로 과거를 놓지 못하는 오류를 범해서는 안 된다. 그동안 만났던 사람들 중 두 가지 패턴의 오류를 범하는 사람들이 있다.

첫 번째 오류는 과거의 성취에 취해있는 사람들이다. 과거에 이루었던 나의 명예와 결과에 집착한 나머지 현재를 살면서도 과거의 나만 바라보며 산다. 특히 주어진 현실이 과거보다 못났을 경우 더욱 그렇다. 하지만 과거는 과거다. 과거의 내가 성공했다고 해서 현실과 미래에도 그렇게 되리란 생각은 큰 착각이다. 과거의 성공에만 취해 계속 과거와 같은 선택만 하려고 하는 순간 매몰비용이 발생한다. 과거는 과거일 뿐, 현재의 성공방식은 달라져야 한다. 많은 기업도 과거에 성공했던 방식 때문에 망한다. 성공 패턴은 계속 변한다. 과거에 매달리지 말고 계속해서 변화하는 현재의 성공방식을 배우고 익혀야 한다.

두 번째 오류는 과거 속 상처 때문에 앞서나가지 못하는 오류다. 이런 사람들은 타인의 말에 쉽게 상처를 받는다. 특히 자신이 운이 없다고 생각한다. 사실 이런 경우는 내 인생의 키를 남에게 준 것이다. 우리가 과거를 인지하는 방법은 기억의 한 부분만을 조각으로 쪼개어 받아들인 후 판단한다. 다시 말해 편협한 시각으로 만들어진 기억 속 과거의 상황을 어떻게 받아들이느냐에 따라 그 시점의 내가 최악의 운 없는 사람처럼 될 수도 있다는 말이다. 그러나 그것 역시 내 선택이다. 평생 운이 나쁜 일만 일어나는 사람은 없다. 운 나쁜 일만 강화해서 기억하고 있는 사람이 존재할 뿐이다. 과거에 매몰되지 않으려면 선택적 기억에 매몰되지 말아야 한다. 내 과거가 힘들고 운이 없었다고 여겨진다면 이렇게 말해보라.

"모든 것은 내 책임이다. 나는 나를 사랑한다."

현재의 줄은 어떻게 다루어야 할까

현재는 내가 살아가고 있는 시점이다. 현재는 미래에 펼쳐질 인생을 다르게 만들 수 있는 최고의 기회가 숨어 있는 시간이다. 현재 시점에서 미래를 가장 다르게 만들 수 있는 최고의 방법은 자아를 리모델링하는 것이다. 모든 방향성의 키는 내가 쥐고 있다. 그 키를 어디에 둘 것인가 결정하는 것도 나 자신이다. 어떻게 자아를 리모델링할 수 있을까? 먼저 내 인생이 내 책임이라는 사실을 직시해야 한다. 지금부터 내리는 모든 결정의 책임은 나 자신이다. 그리고 하나씩 그 결정들을 실행해나간다.

나는 세 가지를 추천하고 싶다. **첫째는 만나는 사람을 다르게 만드는 것이다.** 만나는 사람의 기준을 높이면 자연스레 나도 그런 기준선에 들어갈 노력을 하게 된다. 어떤 사람을 주위에 두고 싶은가? 나는 자신의 분야에서 성공한 선한 백만장자 천 명의 친구를 만드는 것을 목표로 두고 있다. 나의 인격을 높이고, 인생의 질을 높일 수 있는 인맥을 내 주위로 끌어들여야 한다.

둘째는 시간을 다르게 쓰는 것이다. 시간의 소유주는 나다. 직장인이라면 몸값을 올리는 방법으로 시간을 비싸게 만들 수 있어야 한다. 사업가라면 무제한적으로 매출을 올리는 방법을 연구하고 적용해서 시간을 비싸게 만들 수 있어야 한다. 중요한 것은 나의 하루를 가장 비싸게 만들 수 있는 아이디어를 선택하고 그것을 가장 최우선으로 실천해야 한다는 것이다.

셋째는 생각의 크기를 다르게 만드는 것이다. 우리는 모두 마음에 그릇을 두고 있다. 그 그릇에 담기는 내용물은 내 생각의 크기에 따라 완전히 달라질 것이다. 한 번도 생각의 크기를 측정해 본 적이 없다면 지금 이 책 빈 여백에 마음속에 담겨만 있던 진정으로 하고 싶은 것 5가지를 적어보라. 그다음 옆에 앞서 적은 것보다 10배 더 큰 생각을 추가해 다시 적어보라.

매일 아침 생각의 크기를 10배씩 확장하라! 단언컨대 현재의 줄을 가장 잘 활용하고 있는 사람 중 한 사람이 될 수 있다.

미래의 줄은 어떻게 만들어야 할까?

••••

미래는 아직 가보지 않은 길이다. 보이지 않는다. 그래서 나는 미래가 가장 무한한 성공을 부르는 길이라고 생각한다. 미래는 인간이 가진 무한한 힘으로 만들어 낼 수 있는 새로운 길이다.

인간만이 가진 최고의 능력을 무엇일까? 바로 '창조'의 힘이다. 창조는 거창한 것이 아니다. 종이 한 장에 끄적거린 내용에서 창조가 일어나기도 하고, 자다 일어났을 때 떠오른 아이디어 하나가 창조가 되기도 하고, 흔히 하는 실수를 통해 창조가 일어나기도 한다. 누구나 창조할 수 있는 능력이 있다. 미래를 창조할 때 가장 중요한 것은 상상의 힘이다. 내 5년 후 미래를 소설로 쓴다면 어떻게 쓸 것인가? 내 미래를 최고의 미래로 만들어 내는 것은 상상의 힘과 그것을 실행할 용기면 충분하다.

*내 인생 세 가지 줄 관리하기 (실전 기록)

과거의 줄

〈과거의 실패 기억 한 가지 변환하기〉

- 과거 나의 실패 기억 : _____
- 재해석 (그 경험을 통해 배운 것은?) : _____
  _____

현재의 줄

〈생각의 크기 10배 확장하기〉

내가 진짜 이루고 싶은 것 5가지는 무엇인가?

1. _____
2. _____
3. _____
4. _____
5. _____

〈10배 사고 후 하고 싶은 것 다시 작성하기〉

내가 진짜 이루고 싶은 것 5가지는 무엇인가?

1. _____
2. _____
3. _____
4. _____
5. _____

미래의 줄

〈5년 후 내 모습 상상하여 소설 쓰기〉

4
Mind

10배의 부를 안겨줄 최적화 프로세스 / 슈퍼 사이클 1 : 저항력

●

도중에 포기하지 말자.
최후의 성공을 거둘 때까지 밀고 나가자.
— 데일 카네기

끊임없이 돈이 붙는 사람의 비밀

생각과 실행보다 중요한 것

내가 좋아하는 문장은 "행동하는 사람처럼 생각하고, 생각하는 사람처럼 행동하라"이다. 이것은 실행 없이 생각만 하거나, 아무 생각 없이 무작정 실행하기만 하는 삶을 경계하는 말이기도 하다. 인생에서 아무 문제도 일어나지 않는 사람은 없다. 그렇다고 그 문제들이 나를 규정짓는 것 또한 아니다. 나 자신을 규정짓는 것은 내가 실행하기로 선택한 것에 의해 이뤄진다.

실행하는 것과 생각하는 것은 모두 중요하다. 하지만 그 방향성은 더욱 중요하다. 생각과 실행을 어떻게 다루느냐에 따라 돈을 끌어올 수 있다. 돈이 나에게 끌려오는 방향성에 맞춰 생각하고 실행해야 한다.

실행하기에 앞서 우선 나의 목표를 점검해야 한다. 현재 나의 목표는 무엇인가? 목표가 없다면 목표부터 세워야 한다. 내가 원하는 목표를 이루기 위해 100 정도의 에너지가 필요하다면 생각하는 데에는 얼마의 에너지를 쓸 것인가? 실행하는 데에는 얼마만큼의 에너지를 사용할 것인가? 이 두 가지의 분배를 잘 활용할 수 있다면 목표를 110퍼센트 달성할 수도 있다.

생각의 크기가 나의 결과를 만든다

••••

나는 생각의 스위치를 항상 켜두는 편이다. 방법은 간단하다. 머릿속에 항상 다음과 같은 질문을 달고 다니면 된다.

"내가 지금보다 10배 성장하려면 나는 지금 무엇을 해야 하지?"

이것에 대한 답이 찾아질 때까지 질문을 내려놓지 않는다. 질문에 대한 답이 떠오르면 그것을 실행할 수 있게 단계별로 쪼갠다. 이때 내가 어느 단계에 있는지 파악해보아야 한다. 자신의 단계보다 2~3단계 앞선 목표를 이룰 실행방법들을 찾아내는 것이 유리하다. 보다 디테일하고 구체적인 실행방법들이 떠오를 때까지 모든 생각의 초점은 타인이 아닌 나 자신에게로 향해야 한다.

새로운 목표를 찾아내고 그에 맞는 실행전략을 짤 때는 새로운 장소로 가면 도움이 된다. 낯선 곳에 가면 기존의 생각 프레임이 깨지면서 그 덕분에 새로운 생각 세포들을 깨울 수 있다. 그러니 중요한 전략이나 새 목표를 세울 때는 익숙함을 버리고 새로운 곳으로 가보자.

생각의 크기가 나의 실행 능력을 결정한다. 생각의 범주는 무한하다. 그 무한함의 범위를 정하는 것은 나 자신이다. 평소 내 생각의 범주를 넓히기 위해 생각하는 연습을 지속해야 한다. 지속한다는 것은 그 자체로 힘이 된다. 내가 마주하는 현실은 항상 나 자신의 생각이 실현되는 형식으로 나타난다. 생각은 에너지고 파동이다. 결국, 생각을 돈으로 바꾸는 기술은 내가 얼마나 돈이 되는 생각을 많이 하느냐에 달렸다. 내 생각은 얼마의 돈을 끌어모으고 있는가? 1억 원짜리 생각과 10조 원짜리 생각은 차원이 다르다.

돈이 붙는 사람의 품위

••••

행동은 내 생각이 밖으로 드러나게 표현되는 것이다. 그리고 내 행동에 따라 결과가 만들어진다. 돈을 끌어당기는 사람은 생각뿐만 아니라 행동에도 주의를 기울인다. 엄밀히 말하면 행동에 품위를 입히는 것이다. 내가 좋아하는 긍정문 중 하나는 "나는 돈이 붙는 자석이다"라는 말이다. 돈이 붙는 사람은 어떤 품위를 만들까?

첫 번째는 자기 자신에 대한 무한 신뢰다. 자만이 아니라 진실한 믿음이다. 내가 원하는 곳을 향해 나아갈 수 있고, 무엇이든 될 수 있다는 무한 긍정을 내면에 충분히 뿌리내린 사람들이다. 이들에게는 특별한 아우라가 있다. 당당하고 권위 있고, 분별하는 능력이 있다. 나를 신뢰하고 사랑하는 사람은 헛된 곳에 에너지를 사용하지 않는다. 내게 주어진 환경을 더 소중하게 사용하기 위해 분별하고 스마트하게 행동한다.

두 번째는 자기 자신을 경영한다. 돈이 붙는 사람은 훈련의 필요성과 중요성을 간과하지 않는다. 필요한 기술이 있다면 훈련을 통해 배우고 익힌다. 심지어 자기 자신의 기분과 감정까지 훈련한다. 책임감 있게 자신의 맡은 일들을 충실히 마무리하는 법을 배운다. 주어진 환경을 탓하지 않고, 항상 한결같은 태도와 패턴으로 성과를 만들어 간다. 이들에게 훈련은 꼭 필요한 인생 루틴이고, 현실감각을 유지해 나가기 위해 필요한 기회다.

세 번째는 다양한 자아상을 만들어 간다. 돈이 붙는 사람들은 다재다능한 인재로 살아가는 것을 즐기는 사람들이다. 상황에 맞춰 나를 변화시킬 수 있다. 부를 일구는 데 있어 생각의 제약은 도움이 되지 않는다. 그러므로 열린 생각을 기반으로 다양한 자아상을 만들어 가는 것이 중요하다. 일종의 페르소나다. 기업도 일정한 주기 간격으로 변화하지 않으면 도태된다. 사람도 마찬가지다. 굳어진 상태로는 변화되는 세상에 발맞춰 부를 축적하기 힘들다. 인간이 유인원 중에서 이토록 오랫동안 지배자의 역할을 수행할 수 있었던 것은 세상의 변화에 맞춰 생존해 냈기 때문이다. 다양한 자아상은 돈이 붙는 사람들의 필수 역량이다.

부자로 가는 두 가지 습관 활용법
••••

돈을 끌어당기기 위해서는 생각과 행동을 기반으로 자신만의 루틴을 만드는 것이 중요하다. 이 루틴이 습관이 되면 나에게 돈이 들어오게 되는 것이다. 인간은 두 가지 습관을 지닐 수 있는데 '하지 않는 습관'과 '하는 습관'이 그것이다. 내 인생이 돈이 붙는 인생이 되려면 어떤 습관을 익혀야 할까?

먼저 내 인생에 독이 되는 행동들을 하지 않는 습관으로 만들어야 한다. 하지 않는 습관은 어떻게 만들 수 있을까? 불편하게 만들어서 이룰 수 있다. 나에게 독이 되는 행동들을 하고 싶을 때마다 불편을 겪게 만들어야 한다. 야식이 먹고 싶다면 야식을 아파트 위층 계단 창고에 작게 쌓아두어라. 밖으로 나가 계단을 걸어가야 한다면 야식을 먹지 않고 싶을 것이다. 말이 너무 많아서 고민이라면 짧게 끊어 말하기를 연습하라. 나에게 말할 시간이 단 5초만 주어졌다고 생각하고 5초 내에 말할 핵심이 무엇인지 생각하는 연습을 하면 된다. 현재 나는 어떤 행동들을 불편하게 만들어야 할까?

반면 내 인생에 득이 되는 행동들을 해야 하는 습관으로 만들려면 어떻게 하면 될까?

기본 습관에 살짝 곁들이기를 하면 된다. 독서 습관을 기르고 싶다면 내가 자주 가는 다섯 곳에 책을 비치해 두면 자극제가 될 수 있다. 건강 보조제를 먹고 싶은데 습관이 안 되었다면 약을 소분하는 통에 요일별로 나눠서 정수기 옆에 두면 된다. 물 한 잔 마실 때마다 눈에 보여서 먹게 될 확률을 높인다.

이것을 마찰력 요법이라고 한다. 독이 되는 행동은 마찰력을 강화시켜 불편하게 만들고, 득이 되는 행동은 마찰력을 최대한 줄여서 자연스럽게 행동으로 유도될 수 있도록 만들어 두면 도움이 된다.

돈을 끌어당기는 작은 차이는 결국 내 생각과 행동을 어떻게 관리하고 지배하느냐에 달렸다. 과거의 내 생각의 크기는 작은 풍선만 한 생각에 불과했다. 11년 동안 생각하는 법을 훈련하고 배우면서 내 생각의 크기는 100배 정도 커진 것 같다. 내 생각이 커가는 만큼 실행도 함께 커가도록 그 틈을 메워가는 것이 돈을 끌어당기는 비법이다. 게임 속 캐릭터를 성장시켜 나가듯 현실 속 자아도 점점 키워가는 매력이 있다. 돈을 끌어당기기 위해 적극적으로 내 생각과 친구가 될 필요가 있다. 오늘도 생각의 파도 속에서 서핑을 즐겨보라.

부자의 매뉴얼
: 주.인.공 프로젝트

주연과 조연의 차이

‥‥

아침마다 화장실 문을 닫고 외친다. "나는 나를 사랑한다"라고. 그것은 나라는 존재를 주어진 환경 때문에 미워하거나 탓하지 않기 위해 스스로에게 말로 약속하는 것이다. 이렇게라도 자신을 마음껏 사랑해 주어야 자책감 따위로부터 면역을 길러낼 수 있다. 소중한 내 인생에 묻은 먼지 자국을 훌훌 털어낼 수 있다.

어떤 사람은 현실은 내 편이 아니라며 현실을 비난한다. 그러나 사실은 내가 현실을 내 편으로 만들지 못한 것이다. 인생이 굴러가는 바퀴라면 나는 열심히 페달을 밟아야 한다. 나는 페달 밟는 법을 몰랐기 때문에 제자리에 머물렀거나 페달을 거꾸로 돌리고 있었던 것이다.

    영화 속에서 주인공은 끝까지 살아남는다. 그러나 조연은 중간에 사라진다. 주연이 되려면 조연이 갖추지 못한 것들을 갖고 있어야 한다. 항상 조연보다 주연이 좋은 것은 아니다. 하지만 주연은 메인이기 때문에 어떤 상황에서도 살아남는다. 주연과 조연의 차이는 마지막에 알 수 있는 것이다. 특히 주연과 조연의 차이가 아주 미세하다면 더욱 마지막 결말에 모든 힘이 실린다. 드라마든 영화든 조연이 감초는 되어줄지언정 명약이 될 순 없다. 우리 가슴을 설레게 만들고, 슬프게 만들고, 안타깝게 만드는 것은 주연의 역할이다. 나도 내 인생 드라마를 찍고 있다면 조연보다 주인공이 낫지 않을까?

선택의 자유를 누리는 주.인.공 인생

‥‥

    사람들은 누구나 행복한 인생을 꿈꾼다. 행복한 인생으로 가는 가장 중요한 목표는 내 인생의 주인공으로 사는 법을 터득하는 것이다. 찰리 채플린, 오드리 햅번, 레오나르도 디카프리오, 톰 크루즈는 모두의 가슴 속에 여전히 남아있는 주연들이다. 우리도 자신의 인생에서 이러한 주인공이 되어야 한다. 평생 조연으로 살다 잊히는 것이 아닌 파란만장한 삶으로 많은 사람들의 가슴 속에 오래도록 살아 숨 쉬고 있는 주인공말이다.

    인간은 선택의 자유가 주어졌을 때 행복을 느낀다. 그리고 선택적 자유가 먼저 보장되어야만 위기가 와도 계속해서 나아갈 수 있다. 선택의 자유를 누리기 위해서는 내 인생을 주인공으로 사는 법을 알아야 한다. 주인공처럼 살아간다는 것은 더 많은 자유를 위해 더 많은 책임을 지겠다는 말이다. 책임이 커지면 자연스럽게 보상도 커진다. 그래서 주연이 가장 높은 개런티를 받는 것이다.

선택적 자유를 위해 필요한 세 가지가 있다. 이 세 가지가 행복한 주인공이 되는 기본 요소다. 바로 '주문', '인싸(인사이더)', '공헌'이다. 나는 그 세 가지의 앞글자를 따서 '주,인,공 프로젝트'라 부른다.

내 인생 주인공 프로젝트는 무엇일까? 내가 정의한 주인공 프로젝트는 '주문, 인싸, 공헌'이 세 가지다. 이 세 가지가 행복한 주인공이 되는 기본 요소다.

나를 지지하는 '주문'을 외쳐라

••••

주인공으로 살아가려면 먼저 주인의식을 갖는 것이 가장 중요하다. 인생을 주인으로 살아가는 것에 대해서는 아무런 기준이 없다. 수치화도 할 수 없다. 객관적 지표도 없다. 그래서 의도적으로 만들어 내야 한다.

내 인생의 주인이 되었는지 어떻게 알 수 있을까? 바로 주문을 외우는 것이다. 우리는 만화 속 주인공이 아니다. 현실판 주인공이다. 현실에서는 어떤 주문을 외쳐야 할까? 철저히 현실에 존재하는 나를 지지하고 격려하는 주문을 외우는 것이다. 이 주문의 갈림길은 그것을 얼마나 믿느냐, 믿지 않느냐에 있다.

주문은 우리에게 두 가지를 말해준다. 첫째, 나 스스로 어떻게 바라보고 있는지, 둘째, 나 자신의 존재를 꾸준히 업데이트하면서 성장시켜 나가고 있는지를 알려준다. 주문이란 터무니없거나 허황한 이야기가 아니다. 더욱 단호하고 명확하게 나 자신의 신념을 바꾸는 것이다. 인생 주인공이 되기 위해서는 자신의 내면에 민감하게 반응해야 한다. 이제부터 주인공이 되고 싶다면 집안 곳곳에 주문이 붙어 있어야 한다. 어떤 주문이 붙어 있어야 할까? 나는 매일 이런 주문을 주로 붙여 놓고 읽는다.

- 나는 나를 사랑한다.
- 나는 부와 행운과 기회가 넘치는 사람이다.
- 나는 원하는 만큼의 돈과 무한대의 영향력! 둘 다 가진 사람이다.
- 나는 매력과 에너지가 넘치는 사람이다.
- 나는 유능하고 탁월하며 내가 가진 것을 나누는 사람이다.
- 나는 원하는 대로, 말하는 대로 모두 이루는 사람이다.
- 내 자산은 지속적으로 증가하고 있다.

당신이 자주 바라보는 곳에는 어떤 특별한 주문을 붙여 놓고 싶은가?

```
┌─────────────────────────────────────┐
│         〈나만의 특별 주문서〉          │
│  _____   │
│  _____   │
│  _____   │
│  _____   │
│  _____   │
│  _____   │
└─────────────────────────────────────┘
```

실력을 갖춘 '인싸'가 되라

‥‥

두 번째 프로젝트는 '인싸'가 되는 것이다. 인싸는 누구에게나 매력적이고 사랑받는 존재를 뜻한다. 이들은 어떤 매력 때문에 인싸가 되는 것일까? 여러 가지 이유가 있겠지만 단순한 분위기 메이커 역할만 하는 인싸는 진정한 인싸가 아니다. 진짜 인싸는 속까지 알찬 실력을 갖춘 사람이다. 사람들이 나라는 존재에 대해 궁금해하고 알고 싶게 만들어서 수많은 질문 세례를 받을 수 있을 만큼 실력을 매력으로 갖춘 사람이 되면 진정한 인싸가 되는 것이다.

인싸는 여기저기 가볍게 돌아다니며 자신을 과시하는 사람과는 다른 존재다. 묵직하고 닮고 싶고, 언행과 처세에서 진실함이 묻어나는 사람이다. 즉 신뢰가 충분히 쌓인 사람만이 인싸가 될 준비를 마친 것이다. 신뢰는 단박에 얻는 것이 아니다. 꾸준히 누적되고 쌓여서 만들어진다. 인싸는 마음이 무겁고 깊은 사람이다. 마음이 무겁고 깊은 것을 한 단어로 '내공'이라고 한다. 당신의 내공점수는 몇 점인가?

문제를 해결해주는 '공헌'을 세워라
••••

마지막 세 번째 프로젝트는 공헌이다. 공헌은 어떤 한 영역에서 오랫동안 꾸준히 기여했을 때 예상치 못한 특별한 영향력을 만든 사람 또는 현상을 지칭하는 단어로 많이 쓰인다. 내가 말하는 공헌은 그보다 가볍다. 공헌은 다른 사람들의 공백을 채워주는 것이다. 꼭 필요하지만 잘하지 못해 채울 수 없는 부분들을 조금씩 메워주는 것이다.

나는 인생에서 생긴 문제들을 해결하고 싶어 찾아오시는 분들께 내가 읽었던 책들 중 현재 가장 도움이 될 만한 양서를 추천해드려서 그들의 시간과 노력을 메워준다. 또한, 성공하는 삶을 살고 싶은 분들을 위해 '돈'을 잘 버는 인생이 되도록 코칭을 해주거나 책을 써서 나의 성공방법을 공유하며 공헌하고 있다. 나의 작은 행동이 누군가에게는 세렌디피티가 될 수 있다. 마법의 나비효과다.

공헌이라는 개념이 아직 어렵다면 '1日1善'은 어떤가? 엘리베이터에서 마주하는 이웃에게 미소로 인사하는 것, 공헌이다. 산책하러 갈 때 집게와 쓰레기봉투를 갖고 나가서 바닥에 떨어진 쓰레기를 몇 개 주워 담고 오는 것, 공헌이다. 슬픈 일을 겪은 누군가의 이야기를 충분히 들어주는 것, 공헌이다. 시선을 나로부터 남에게 옮겨보자. 모든 것이 공헌할 수 있는 요소다. 거대한 지구를 구성하고 있는 것은 우리들의 소소한 이야기들이다. 소소함 속에 충분히 공헌거리들이 넘치고 있다. 그 공백을 아름답게 채워나가 보자. 당신은 어떤 공헌을 실천할 수 있을까?

아마추어와 프로의 결정적 차이

프로의 세계엔 아마추어가 없다

....

나는 경력으로 볼 때 이제 갓 아마추어를 벗어난 사업가다. 사업이란 것을 시작한 지 이제 10년 차기 때문이다. 창업가들이 가장 위험하다고 하는 창업 후 3년, 죽음의 계곡(death valley)도 기적적으로 건넜다. 처음엔 아무도 내 사업에 대해 긍정하는 사람이 없었다. "그 사업은 딱 봐도 망할 각이네." 심지어 멘토도 말리는 사업이었다. 밥 먹고 살기도 힘들 거라고 했다. 그런 내가 10년 차에 회사를 16배 키웠다. 나는 내 사업의 크기가 아직 1000배 정도 더 커질 거라고 믿고 있다. 그리고 그렇게 만들 것이다.

나 같은 아마추어 갓 졸업한 사업가가 무슨 배짱으로 1,000

배 커질 거라고 단언할까? 방법은 간단하다. 아마추어처럼 사업 하지 않으면 된다. 즉 처음부터 프로답게 사업하는 것이다. 아마추어의 시선과 프로의 시선은 다르다. 나는 경력은 아마추어지만 사업을 키우는 방법은 프로의 시선으로 접근한다. 어떤 사람은 그 분야에서 최소 15년~20년쯤 경력이 쌓여야 프로 혹은 장인이 된다고 한다. 하지만 그 말이 15년 동안 아마추어여야만 한다는 뜻은 아니다. 사업가는 이미 사업 첫날부터 프로여야 한다. 사업가가 아니더라도 우리 모두는 프로의 접근법을 익혀야 한다. 적어도 내가 지금의 자리보다 돈 버는 능력을 10배 더 키우기 위해서는 말이다.

어떤 사람들에게는 사업이 제2의 소극적 소득(자동 소득)을 위해 일하는 선택사항일 수 있지만 나는 아니었다. 치열한 경쟁 사회에서 살아남아야만 하는 생존의 문제였다. 선택이 아니라 생존이 걸린 일이었기에 단 한 번의 기회도 허투루 날려버릴 수 없었다. 시간이 지나면서 기회를 잡고 또다시 기회가 찾아오게 하는 나만의 비법이 생겼다. 내게 주어진 기회를 잘 부풀려 되돌려 보내면 이내 더 큰 기회가 다시 나를 찾아왔다.

기회를 무시해서 놓치는 사람은 아마추어다. 기회를 붙잡아 더 큰 기회로 만드는 사람은 프로다. 아마추어 시절에도 프로의 경쟁력을 갖춘 사람이 결국 더 큰 기회를 잡는다.

프로와 아마추어의 차이

••••

1등과 2등의 간극은 아주 미세한 차이다. 하지만 아마추어처럼 하느냐, 프로답게 하느냐 그 두 가지 차이에서 비롯되는 인생의 결과는 10배 차이로 벌어진다. 나는 시간과 경력이 쌓여 프로가 되는 것이 아니라 처음부터 프로처럼 생각하고 행동하는 법을 알려주고 싶다.

프로와 아마추어는 다음 네 가지 차이가 있다.

아마추어는 이것저것 시도하고 프로는 원하는 목표에 집중한다.

아마추어는 목적과 방향성 없이 이것저것 시도한다. 자잘하게 다가오는 기회를 다 움켜쥐려고 하다 결국 큰 기회를 놓친다. 시도해야 하는 명분도 목적도 없으므로 시도해보고 '아니면 말고' 식이다. 그러다 문제가 발생하면 원인을 찾아 해결하지 않고, 급한 불만 끈다. 그러나 진짜 문제는 항상 곪을 때까지 수면 위로 드러나지 않는 법이다. 정작 진짜 큰불은 잡지도 못하고 실패한다. 이것저것 시도하느라 에너지 고갈은 물론 진짜 실력도 키우지 못했기 때문이다.

반면 프로는 원하는 목표를 이루기 위해 먼저 불필요한 것들을 제거한다. 목표를 이룰 때 방해가 되는 것들을 먼저 가지치기 한 후에 원하는 목표에 온 힘과 에너지를 쏟는다. 원하는 방향에 꽂힌 깃발을 얻기 위해 전력질주한다. 방해되는 것들을 이미 제

거했기 때문에 지치지 않고 오래갈 수 있다. 아마추어는 철새고, 프로는 독수리다. 철새와 독수리 중 누가 새들의 왕이 될까?

아마추어는 소비하고 프로는 생산한다.

인간이 초단기간 동안 문명을 발달시키고, 경제를 발전시킬 수 있었던 것은 누군가 자신의 욕망을 이룰 수 있게 무언가를 창조했기 때문이고, 불만을 해결하기 위해 자신의 개선안을 현실화시켰기 때문이다. 지금 내가 글을 쓰고 있는 이 노트북도 누군가 '이동할 때 휴대하기 편리한 컴퓨터'라는 아이디어를 직접 만들어 냈기 때문이다. 우리는 모두 소비자인 동시에 생산자다. 다만 아마추어는 누군가의 생각을, 누군가의 아이디어를 즐기고만 싶어 한다.

대신 프로는 생산 모드로 시간을 채운다. 아이디어 노트에 자신의 아이디어를 생생히 기록하고 사람들의 불평을 듣고, 그것을 해결해주는 해결사가 된다. 돈을 벌고 싶으면 내 삶에서 생산이 주가 되어야 한다. 모든 성과의 기준은 생산성이다. 내가 보내는 하루가 생산적 하루인지, 소비의 하루인지 점검해보자.

아마추어는 배움에 집중하고 프로는 배우는 동시에 아웃풋한다

삶은 배움의 연속이다. 모든 사람은 경험을 통해 배우고, 지식을 채우며 배운다. 누구나 배움의 중요성에 대해 잘 알고 있다. 배움에는 1단계와 2단계가 있다. 1단계는 인풋 단계다. 내가 배우고자 하는 것을 많은 양의 지식으로 채운다. 1단계 배움에서 멈춘다면 우리는 아마추어 인생이 된다.

프로는 2단계가 훨씬 더 중요하다는 사실을 안다. 배움의 2단계는 배운 것을 즉시 아웃풋 하는 단계다. 배출이 원활하지 않으면 채울 수 없다. 비워야 채울 수 있는 것이다. 배운 것을 비우는 것은 직접 실행하는 것이다. 평생 배움의 2단계를 실행하신 분을 꼽자면 이어령 박사가 있다. 평생 배움을 추구했던 故 이어령 박사는 일평생 글을 쓰고, 자신을 개발해 영향력 있는 삶을 살았다. 아마추어는 배움의 1단계에서 멈춘다. 프로는 배움의 2단계를 평생 실천한다.

아마추어는 좁고 얕으며 프로는 넓고 깊다

엄지와 검지를 맞대고 동그랗게 모아보아라. 그리고 한쪽 눈을 감고 다른 한쪽 눈을 뜬 채 엄지와 검지를 맞댄 손을 눈앞에 대보라. 두 손가락 안에 만들어진 동그라미 사이로 시야가 보일 것이다. 다음은 다섯 손가락을 느슨하게 주먹 쥐듯 모아 쥐고 한쪽 눈에 대 보아라. 다섯 손가락 틈으로 얼마만큼의 시야가 보이는가? 아마추어는 이렇게 점점 좁고 얕은 시야에 스스로 갇힌다. 즉 전문분야만 강조하다가 다른 길을 못 본다.

프로는 어떤가? 온 세상이 호기심 덩어리다. 세상에서 알게 된 많은 상식들, 배우고 익힌 것들을 갖고 나만의 스타일로 재구성하고 활용한다. 진정한 프로는 많은 것을 알되, 내 분야에서도 탁월한 결과를 만들어 낼 줄 안다. 아마추어의 세상은 한쪽 눈을 가린 채 주먹 쥔 사이에 보이는 세상만 존재할 뿐이지만, 프로의 세상은 온 세상이 나의 무대고, 나를 성장시켜 줄 터전이다.

앞으로 프로와 아마추어의 양극화는 더 심해질 것이다. 아마추어가 프로가 되기 위해서는 프로의 방식으로 시간을 채워야 한다. 핵심은 시간이 지나면서 프로가 되는 것이 아니라 처음부터 프로처럼 안타를 노려야 한다는 것이다. 처음부터 프로가 될 마음이 없다거나 방법을 모르면 시간이 지나도 영원한 아마추어로 남는다. 나의 하루를 돌아보라. 영원히 미생으로 살고 싶지 않다면 프로처럼 안타를 노리자.

10배의 부로 향하는 6단계 삶의 이정표

모든 인생에는 주기가 있다

••••

성공에 대해 모를 때는 인생의 기울기를 따라가지 못해 버퍼링이 걸렸다. 너무 가파른 곡선을 오르느라 기울기에 허덕거리느라 바빴다면, 성공하고 싶다는 꿈을 꾸고 나서부터는 인생의 기울기가 아닌 주기에 더욱 관심을 갖기 시작했다. 인생을 바라보는 관점이 바뀐 것이다.

세상 모든 것에는 주기가 있다. 낮과 밤의 주기, 하루와 일 년의 주기, 지구의 자전과 공전 주기, 사업도 주기가 있다. 사업은 유아기 - 청년기 - 노년기로 나뉘며, 지속적으로 변화되지 않으면 도태되거나 사라진다. 모든 것은 주기를 지나며 풍성해지기도 하고, 가물기도 한다.

한 사람의 인생에도 주기가 있다. 인생은 출생부터 사망까지 일련의 과정을 거치게 된다. 주기의 간격은 사람마다 모두 다르다. 하지만 주기를 건너뛸 수는 없다. 유아기에서 하루아침에 청년기로 접어들지 않는다. 충분히 과정을 겪어 낸 후에야 안정적인 주기의 흐름을 가질 수 있다.

긴 겨울을 끝마치고 봄이 오면 땅 위로 여린 나물들과 잡초가 뒤엉켜 자리를 잡는다. 어떤 잡초는 주변을 꽉 매울 정도로 풍성하게 자리 잡고, 제법 줄기도 무성하게 자란다. 잡초를 잡아당기면 순식간에 뿌리가 뽑혀 올라온다. 커다란 몸집에 비해 작게 뻗어 있는 뿌리가 앙상하다. 버틸 힘이 없던 뿌리를 가진 잡초는 힘을 들일 필요도 없이 딸려 올라오며 생의 주기를 마친다.

반면 옹골지고 널찍하게 땅에 붙어 있는 녀석이 있다. 껌딱지처럼 땅에 꼭 붙어서 들키지 않으려고 안간힘을 쓰는 것 같은 작은 잡초가 하나 있다. 주변 잡초들에게 땅의 기운을 다 빼앗긴 것처럼 잎들도 땅에 붙어 자란다. 땅에 붙은 잎을 붙잡고 잡아 당겨보니 저항력이 엄청나다. 한참을 끌어내도 도무지 나올 생각을 하지 않아서 주변 흙들을 충분히 걷어내고 난 뒤에야 서서히 딸려 올라온다. 뿌리가 얼마나 깊이 내렸는지 끝이 보이지 않을 정도로 길다. 역시 작은 고추가 맵다더니 키 큰 잡초는 맥없이 뽑히고, 땅에 붙어 있던 녀석은 천하장사 같은 뒷심을 발휘한다. 이 잡초의 뿌리 길이를 보니 10㎝ 가까이 되는 듯하다. 이 잡초의 이름은 나물이라 불리는 냉이다.

냉이와 잡초의 차이는 무엇일까? 충분히 뿌리를 내릴 시간을 갖느냐, 갖지 못하느냐의 차이다. 우리는 나름의 주기를 겪으며 인생이라는 밭에 일련의 뿌리들을 내리는 시간을 갖는다. 그중에 뿌리를 충분히 내리지 못하면 타인에 의해 송두리째 인생이 흔들리기도 하고 좌초되기도 한다. 내 인생을 타인이 흔들지 못하게 하려면 더욱 깊이 뿌리내리기 위해 튼튼하고 견고한 주기를 보내야 한다.

성공적인 인생으로 향하는 6단계 인생 주기

....

    인생은 우리가 얼마나 탄탄한 뿌리를 깊이 심느냐에 따라 달라진다. 한 해는 사계절의 주기를 지닌다. 나는 성공적인 인생에서 볼 수 있는 성공 주기를 6단계로 나누었다. 이전에도 말했듯 성공 주기의 간격은 사람마다 다르다. 하지만 일련의 단계들을 겪어낼 때마다 우리 인생의 뿌리는 더 탄탄하고 깊어진다. 뿌리가 튼튼하면 주기가 연속되어도 끄떡없다. 즉, 내가 뿌리내린 것들에 의해 후손들의 삶까지 탄탄하게 뿌리내릴 수 있다는 뜻이다. 나뿐만 아닌 내 후대까지의 성공을 바란다면 반드시 성공으로 향하는 인생의 주기를 겪어야 한다.

    주기는 반복된다. 그러므로 너무 성급하게 뛰어갔다고 생각되면 제자리로 돌아와 다시 시작하면 된다. 주기가 변하지 않는 것 같다고 초조해할 필요도 없다. 주기는 계속 흐르고 있고, 내가 충분히 숙성되면 다음 단계로 자연스레 이동하게 된다. 이것은 흐르는 시간을 우리가 붙잡지 못하는 것과 같은 이치다. 이제 내 인생에 성공을 가져올 준비가 되었다면 성공 주기 6단계에 대해 알아보자.

1단계 : 성장

씨앗을 심으면 흙 밖으로 새싹이 돋아날 때까지 충분히 비료를 주고, 빛을 쬐어주고, 물을 주어야 한다. 그렇게 하더라도 하루아침에 씨앗에서 싹이 돋지 않는다. 매일 매일 똑같은 패턴이 반복되어야 한다. 의도적 관심과 노력의 시간이 필요하다. 성장은 눈에 보이지 않는다. 그럼에도 불구하고 매일매일 임계점에 도달할 때까지 의도적 노력을 해야 한다.

성장은 누가 먼저 알아줄까? 남이 알아봐 준다. 나의 태도가 바뀌고, 언어가 바뀌고, 행동이 서서히 바뀌면서 주변 사람들이 느끼는 시기가 온다. 그 시기가 올 때까지 성장 패턴을 매일 그려나가야 한다. 성장이 없는 성공은 있을 수 없다. 아이가 걸음마를 배우지 않고 두 발로 설 수 없듯 성장은 성공으로 가는 필수 요소다.

2단계 : 성숙

성숙의 뜻은 무엇일까? 국립국어원 표준국어대사전에는 네 가지 뜻이 실려 있다. 첫째, 생물의 발육이 완전히 이루어 짐. 둘째, 몸과 마음이 자라서 어른스럽게 됨. 셋째, 경험이나 습관을 쌓아 익숙해짐. 넷째, 어떤 사회 현상이 새로운 발전 단계로 들어설 수 있도록 조건이나 상태가 충분히 마련됨.

성장이 지속되면 성숙의 시기가 온다. 성숙은 자신의 성장을 과시하거나 자랑하는 사람에게는 없는 것이다. 겸손이 자연스레 몸에 밴 사람에게 풍기는 원숙미다. 김치가 숙성되면 숨이 죽는다. 사람이 성숙되면 자신을 낮춘다. 예수가 말하는 사랑과 리더십이 배어 삶에서 나타나는 단계다. 성장하는 것이 마중물을 넣는 것이라면 성숙의 단계는 정화된 물이 가득 고여 있는 상태와 같다.

3단계 : 성과

성과의 단계는 임계점을 넘는 시기다. 성장과 성숙의 단계를 거쳐 물이 100도를 넘는 지점과 같다. 성과주기에는 열매가 생긴다. 인생의 변화구를 경험하고, 그 변화구를 꾸준히 유지하는 법을 깨닫게 되면서 성공 습관들이 하나둘 내면에 자리를 잡는다.

성과주기에는 성장 단계에서 뿌려 놓은 씨앗들이 열매를 맺고, 운이 따르는 시기다. 자신이 열매 맺은 성과물을 보고 많은 사람들이 찾아와 새로운 인연이 만들어지는 시기다. 성과가 많을수록 건강한 영향력이 생긴다. 이 시기에는 내가 가진 노하우들을 마음껏 나누면 더 큰 부를 쌓을 수도 있다.

4단계 : 성품

급작스러운 성공에 취하는 것을 경계해야 한다. 나도 모르는 사이 자만이 뿌리내릴 수 있다. 다른 사람들이 말하는 달콤한 말이 많이 들릴수록 내면을 시험하는 말이라고 생각해야 한다. 칭찬과 비난은 동전의 앞뒷면이다. 칭찬이 많다는 것은 그 말이 곧 비난으로 바뛸 수도 있다는 것을 명심해야 한다. 성공은 가볍다. 언제든 내 곁을 떠나갈 수 있다. 성품주기에는 끊임없이 나의 초심과 마주해야 한다. 초심을 잃는 순간, 내가 열심히 가꾸어 맺은 열매들이 썩어 버린다. 과실이 가장 맛있고 아름다운 시기는 적당히 익었을 때 나무에서 갓 따낸 후다. 갓 따온 과일이 우리의 초심임을 항상 기억해야 한다.

5단계 : 성인

성인은 나이가 들었다고 되는 것이 아니다. 인생의 달콤함과 쓴맛을 충분히 경험해 본 후 내공이 쌓였을 때 만들어지는 것이다. 성인주기에 있는 사람들은 자아 성찰을 잘한다. 이들은 연장이 녹슬지 않게 꾸준히 갈고 닦듯이 자신의 생각을 깨어 있게 만든다. 죽은 지식을 경계하고 자신이 성공이라고 생각하는 것을 실제 삶으로 증명해 낸다. 언행일치의 대가들이다. 말과 행동이 같아서 많은 사람에게 존경받고 대우받는다. 성인주기는 내 삶을 스스로 책임지는 것은 물론 타인의 삶 깊숙이 도움을 줄 수 있는 인생 고수들의 영역이다.

6단계 : 성공

성공 주기는 자신이 원하고 바라는 모습대로 성공한 삶을 이룬 사람들이 위치한 곳이다. 경제적, 시간적 자유를 실현하고, 내가 살고 싶은 삶으로 하루하루를 채울 수 있다. 한 사람의 인생을 바꿀 만큼 커다란 영향력을 가진 시기이면서 동시에 권력을 가진 시기다.

내가 살고 있는 세상이 아닌 다음 세대가 살아갈 세상을 향한 고민을 통해 더 나은 세상을 이룰 수 있는 다양한 방법을 시도하고 실현한다. 성공주기에는 나눔의 파이가 커진다. 나눔은 인간이 행할 수 있는 가장 이기적인 기쁨의 최대치를 누리는 방법이다. 성공주기에 있는 사람들이 많아질수록 세상은 더 나은 단계로 점점 업그레이드 된다.

성공을 향한 출발선에서 어떻게 달릴 것인가
••••

성공의 주기 6단계는 내가 어디에 있는지, 어디로 갈 것인지 알려 주는 삶의 이정표다. 성공으로 향하는 이정표가 우리 인생에 그려진다면 더욱 수월하게 나아갈 수 있지 않을까?

각자가 정의하는 성공의 모습은 다르다. 그래서 내가 가고 싶은 목적지의 깃발은 저마다 다른 곳에 꽂혀 있을 것이다. 그러나 성공의 주기를 지나가는 것은 모두가 겪어야 하는 과정이다.

우리는 모두 인생 주기의 출발선에 놓여 있다는 것을 잊지 말아야 한다. 주기를 모르면 남이 만들어 놓은 인생의 기울기 때문에 자꾸 미끄러질 수밖에 없다. 인생의 주기를 따라가되 어떤 속도로, 얼마만큼씩 나아갈 것인지 자신만의 페이스 조절을 해나가야 한다.

가장 확실한 성공의 기준

원금을 잃지 않는 가장 안전한 고이율 투자처

••••

부모님 세대가 성공하는 비결 혹은 부자 되는 길은 저축이었다. 그러나 지금은 아니다. 더 이상 통장에 잠들어 있는 돈이 우리의 미래를 지켜줄 것이라고, 원금보장이 된다고 확언할 수 없다. 초인플레이션이 발생하면서 돈의 가치가 떨어지고 있기 때문이다. 돈을 고스란히 모으는 것 외에 또 다른 조건들이 충족되어야 한다.

저축이 답이 아니라면 무엇으로 성공하는 부의 축적을 이룰 수 있을까? 좋은 곳에 투자해야 한다. 투자를 시작할 때 첫째 조건은 원금을 잃지 않고 보장받을 수 있어야 한다. 세상에는 많은 투자처가 있다. 그러나 원천적으로 원금을 잃을 염려 없이 지속적으로 이율을 높일 수 있는 투자처는 딱 한 곳밖에 없다. 어디일까? 바로 나 자신이다.

투자할 때는 기본적으로 내가 잘 아는 분야에 해야 한다. 세상에서 나를 가장 잘 아는 사람은 누구일까? 그 역시 나 자신이다. 그러므로 나는 나 자신에게 투자하는 것이 가장 현명한 투자라고 생각한다. 이것은 가장 확실한 원금보장형 투자이며 현명한 성공의 기준이다. 잘만 하면 고이율까지 노려볼 수 있다.

건강한 원금은 건강한 이율을 만든다. 고소득 고이율을 위해 건강한 투자 가치가 되도록 자신을 개발해야 한다. 어떤 방법으로 개발할 수 있을까?

내가 추천하는 방법은 매일 나를 가장 사랑하는 시간을 선물로 주는 것이다. 나를 사랑하는 시간이란 오로지 나 자신에게 집중해 나 자신에게 성장하는 경험을 선물로 주는 것이다.

책을 읽는 것, 운동하는 것, 건강한 대화를 나누는 것, 멘토를 만나는 것, 적절히 휴식을 취하는 것, 건강한 음식을 먹는 것, 모두가 나 자신에게 성장하는 기쁨을 주는 시간이다.

나를 가장 사랑하는 하루를 만드는 법

‥‥

나의 하루는 새벽 4시 30분, 베란다 밖으로 보이는 새벽 풍경을 보며 경이로움을 느끼는 것으로 시작된다. 또 매일 아침 감사 기도, 책을 집필하거나 독서를 하는 것, 원대한 10배의 꿈을 생생하게 기록하는 것으로 나를 충분히 성장시키고 사랑하는 시간을 갖는다. 오후엔 날씨가 흐리거나 안 좋으면 가끔 계단 타기를 하고, 날씨가 맑으면 충분한 햇살을 맞으며 산책하는 것으로 나를 사랑하는 시간을 채운다. 저녁엔 나의 일과를 점검하고 새로 맞이할 내일의 계획과 일정을 세우는 것으로 나를 사랑하는 시간을 채운다.

하루에도 몇 번씩 나는 나 자신에게 멋진 하루를 선물하는 투자가로 변신한다. 계속해서 나를 사랑하는 시간을 채우면 어느새 다른 사람들도 나를 아끼고 사랑하게 된다. 나 역시 나를 사랑하는 방법대로 타인들을 돕고 싶어진다. 이것이 완벽한 원금 보장형 고이율 성공의 선순환이 아니면 무엇일까? 나를 사랑하는 시간이 많아질수록 이율은 점점 더 높아진다. 배당금도 많아진다. 심지어 원금까지 확실히 보장된다. 나 자신을 성장시켜 나가는 것은 나를 황금알을 낳는 거위로 만드는 것이다.

나를 사랑하는 시간을 선물하는 것이 왜 중요할까? 나에게 성공 경험을 선물로 주는 것이기 때문이다. 성공은 제프 베조스가 대신해주는 것이 아니다. 워런 버핏만 하는 것이 아니다. 빌 게이츠만 갖고 있는 비밀공식이 아니다. 평범하고 초보인 우리들도 하루에 몇 번씩 성공을 만들어낼 수 있다. 스스로 성공 경험을 즐길 마음가짐만 갖고 있다면 말이다.

성공을 경험하고 싶다면 쪼개야 한다

••••

　중요한 것은 우린 아직 성공의 초짜들이다. 큰 성공 대신 작은 성공 경험들을 쌓아 나가야 한다. 투자도, 사업도 첫 번째부터 거액을 투자해 시도하는 것은 어리석은 짓이다. 나에게 현재 1000만 원이 있다면 나는 분산 투자를 할 것이다. 작게 쪼개어 여러 가지를 시도할 것이다.

　큰 성공을 일궈가는 것 역시 다양한 분야를 분산해서 계획하되 작은 것부터 시도해야 한다. 주사위를 한 번 던져서 6이 나올 확률은 극히 낮다. 횟수를 늘려 최대한 많은 시도를 해야 한다. 성공으로 향하기 위해서 우선 성공을 쪼개야 한다. 말도 안 되는 큰 성공을 바랄수록 나의 하루에 작은 성공 경험들을 쪼개서 누적시켜보자.

　내가 자신을 성장시키는 방법을 아무것도 몰랐을 때 10년 이상 자신을 성장시켜온 분들은 하나같이 새벽형 인간이었다. 나도 새벽에 일어나 독서를 시작해야겠다고 생각했다. 다음 날 새벽 5시에 알람을 맞춰놓고 잠이 들었다. 알람 소리를 듣고 눈을 떴지만, 정신이 몽롱했다. 하지만 포기하지 않고 5일을 도전했다. 5일 후 헛바늘이 돋고, 눈이 따끔따끔 해지더니 눈병이 찾아왔고, 피부가 푸석해지기 시작했다. 무엇이 문제였을까? 마음먹기만 하면 하루아침에 180도 바꿀 수 있다고 믿은 나 자신에 대한 과대평가가 문제였다. 더 큰 문제는 내가 저녁 12시 넘어 잠든다는 사실이었다. 새벽에 일찍 일어나기 위해 더 근본적인 해결책은 저녁 잠자리를 일찍 드는 것이었다. 그렇게 시행착오를 겪으며 나는 단계를 쪼갰다.

- **1단계** 저녁 11시 이전에 취침하기 30일 도전
- **2단계** 아침 7시 기상을 6시 30분으로 30분 앞당기기 30일 도전
- **3단계** 아침 6시 30분 기상을 30분 앞당기기 30일 도전
- **4단계** 아침 기상 후 독서 한 시간 하기 100일 도전
- **5단계** 아침 기상 후 독서 두 시간 하기 100일 도전
- ……
- ……
- ……
- **10단계** 새벽 4시 30분 기상 후 책 쓰기 100일 도전

구체적으로 쪼개어 미션처럼 도전하다보면 어느새 나에게 맞는 루틴이 생긴다. 지금도 나는 도전하고 싶은 것이 생기면 작게 쪼개보는 것부터 시작한다. 만약 나에게 어떤 성공경험들이 축적되는지 추적해보고 싶다면 '성공일기'를 함께 써 보면 좋다. 하루에 5가지 내외로 내가 경험한 것들 중 아무리 작은 것이라도 도전에 의의를 두고 써보자.

일어나자마자 잠자리를 정리하는 것, 시간 약속에 늦지 않으면서 신뢰와 신용을 쌓아가는 것, 나의 하루 일정을 미리 계획해보고 그대로 살아보는 것, 모두 작은 성공 경험들이다. 이런 성공경험들이 쌓이는 것이 바로 나를 사랑하는 시간을 선물로 주는 노하우다. 나는 여전히 이것이 가장 확실한 성공의 기준이라 믿는다.

전략적 포기자가 되어야 하는 이유

실행보다 중요한 방향성

••••

우렁차게 울리는 알람과 함께 두 눈이 번쩍 떠진다. 약간 쌀쌀한 새벽 공기를 맞으며 일과가 시작된다. 2시간 동안 글을 쓰거나 독서 후, 아침 7시에는 아이 등교시킬 준비를 하고, 약간의 집 정리 후 8시에는 출근을 하고, 출근 즉시 회의와 오전 업무 및 미팅 일정이 시작된다. 점심을 인스턴트로 대충 때우고, 오후 강의 전 부지런히 오늘 해야 할 일들을 하나씩 처리해나간다.

할 일 목록에 빼곡히 적힌 리스트들이 보란 듯이 선명한 글씨로 자리를 차지하고 있다. 매일 지쳐 쓰러지기 일보 직전까지 일에 몰두했다. 그렇게 며칠을 치열하게 살다 보면 작은 신호들이 몸에서 나타난다. 헛바늘이 돋고, 두통이 밀려온다. 뒷목이 뻐근

해지는 건 기본이고, 꿈속에서조차 업무를 하느라 허겁지겁인 내 모습을 발견한다.

    일벌레였던 나는 최선을 다해 일에 몰두해서 좋은 결과를 만들어내려고 했다. 다른 건 루저일지 몰라도 일에서만큼은 프로페셔널해지고 싶었던 것이다. 하지만 결과는 그것과 정반대였다. 1분 1초가 아까워 라면과 인스턴트 음식으로 끼니를 채우며 일하는데도 통장은 텅장(텅 비어 있는 통장)이 되어갔다. 직장에 다녔더라면 적어도 월급의 기쁨은 누렸을 텐데 꿈꾸던 사업가의 현실 치고는 메마르고 인색한 통장이 서글펐다. 무언가 잘못된 방향으로 흘러가고 있다는 사실을 직감적으로 느낄 수 있었다. 그러나 잘못된 방향이란 것을 알면서도 외면한 채 나는 현실에 더 매달렸다. 조금이라도 통장을 살찌우고 싶어서 각종 영양제를 우겨 넣고 더 치열하게 일했다. 마치 무언가에 홀린 사람처럼 말이다. 그러던 어느 날 지친 몸이 나에게 말을 걸어왔다.

    "너 지금 뭐 하고 있는 거야?"

'멍부'보다 '똑게'가 되자!

••••

    모든 것을 멈추고 적신호를 켰다. 내가 나아가고자 하는 방향과 내가 서 있는 위치가 서로 잘 맞는지 한번 중간 점검할 필요를 느꼈다. 막무가내 행동을 멈추고 생각이란 걸 하기 시작했다. 먼저 할 일 목록을 찬찬히 읽어보았다. 맙소사! 나는 스스로에게 별명을 하나 추가해주었다. '쓸데없는 일 제조기'라고. 모든 일이 중요하다고 느낀 나머지 일의 강약을 파악해 내지 못했던 것이다.

의욕만 앞섰던 나는 아무런 전략도 없는 성실의 아이콘이 되어 있었다. 이렇게 가다간 목적지는커녕 절반도 못가 지쳐 쓰러지지 않으면 다행이었다. 멍청하고 부지런하면 가장 고생한다고 하더니 딱 그 짝이었다. 새로운 전략이 필요했다. 많은 리더들이 선호한다는 '똑게형(똑똑하고 게으른)' 인재 말이다!

내가 가고자 하는 위치는 단기간에 갈 수 있는 곳이 아니었다. 단기전일 때와 장기전일 때의 전략은 서로 다르다. 나는 장기전으로 승부를 보아야 하기에 장기전에 좋은 전략이 필요했다. 장기전에 좋은 전략은 보통 사람들보다 아주 조금 더 밀어붙일 능력을 갖는 것인데 그때 필요한 것이 '전략적 포기'다. 무엇을 포기해야 하는가?

전략적 포기에서 중요한 것은 모든 것을 다 잘해야 한다는 마음을 포기하는 것이다. 모든 것을 잘할 수 있다고 믿는 것은 자만이다. 스스로 모든 것을 다 이룰 수 있다면 우리가 서로 합심하거나 힘을 합칠 이유가 전혀 없지 않은가? 모든 것을 다 잘할 수 없다는 사실을 받아들이고, 잘할 수 있는 것에 더욱 집중해야 한다. 포기라는 말이 왠지 패배자의 단어 같다고 느낀다면 큰 오산이다. 포기의 반대말은 무언가 선택하는 것이 아니라 집중이다. 불필요한 것을 포기하는 대신 반드시 해야 할 일에 집중하는 것이다. 무작정 모든 것에 열심인 삶과, 전략적으로 포기와 집중을 선택해서 열심인 삶의 질은 180도 다르다. 목표한 곳에 도달하려면 전략적 포기자로 사는 법을 배워야 한다.

현재 나는 전략적 포기자의 성공 루틴을 살고 있는지 한번 살펴보자. 우선 나의 일과를 나열해 보자. 3일도 좋고, 한 주도 좋다. 노트 한 페이지에 쭉 나열해 보면 지금 내가 길을 잃고 헤매고 있는지, 적어도 방향성을 맞춰 가려 노력은 하고 있는지, 매우 잘 나아가고 있는지 보인다. 만약 아직 방향조차 정하지 못했다면 일단 가고 싶은 방향부터 정해보자.

노트에 일과를 적었다면 다음으로 중요한 일들을 찾아 체크해 보자. 중요한 일이란 현재 내가 서 있는 곳에서 조금 더 앞선 곳으로 나를 이동시켜 줄 수 있는 일들을 말한다. 중요한 일들은 대게 시간이 오래 걸리고 마치 언덕을 오르는 것처럼 나를 불편하고 어렵게 만드는 특징이 있다. 나에겐 유튜브 촬영, 책 쓰기, 강의 퍼널 기획 같은 일들이 그런 일이다. 중요한 일을 찾아보았다면 다른 종이 한 장을 꺼내 반으로 나누어보라. 그리고 왼쪽에는 포기 리스트, 오른쪽에는 집중 리스트로 분류해 적어본다. 이제 오른쪽에 쓰인 집중 리스트들 위주로 할 일 목록을 새롭게 재정비할 일만 남았다. 포기할 것은 깔끔하게 정리하고, 집중 리스트에 집중적인 시간을 할애해보자. 진정한 전략적 포기자로 사는 인생을 느낄 수 있게 된다.

'텅장'이 '통장'으로 되는 비결은 전략적 포기를 하는 것이다.

기꺼이 유희적 즐거움을 포기해야 한다. 자신의 나태함을 포기해야 한다. 두렵고 불안한 마음을 포기해야 한다. 밑바닥까지 걱정하는 생각들을 포기해야 한다. 사방에서 몰려오는 유혹들을 포기해야 한다. 포기한 자에게 되돌아오는 성과와 기쁨은 말로 표현할 수 없을 만큼 크다. 부디 당장 즐길 수 있는 안락함으로부터 빠져나와 포기를 선언해보기 바란다. 아름다운 포기를 선언할 때 인생의 황금기를 맞이할 수 있다.

마지막으로 TV나 스마트폰의 유혹에서 빠져나올 수 있는 명언 하나를 남기며 글을 마친다.

Television 켜지 말고 Tell a vision 하자.

5
Action

10배의 부를 안겨줄 최적화 프로세스 / 슈퍼 사이클 2 : 행동력

인생에서 가장 큰 공백은
아는 것과 행동하는 것 사이에 있다.
- 딕 빅스

기업가 마인드로
인생의 모멘텀 만들기

직장인에서 사업가로 삶을 바꾼다는 것

····

사업을 시작하고 난 후 한동안 원하는 성과가 나오지 않아 내가 이 사업을 계속 지속할 수 있을까에 대한 고민을 할 때가 많았다. 누구보다 사업에 자신 있다고 스스로 사업가 체질에 재능까지 겸비했다고 자부하며 시작했던 것이 후회로 다가왔다. 사업 시작 후 매일 플래너 날짜에 동그라미를 그려나갔다. 과연 몇 개까지 채워지다 또다시 원점이 될까에 대해 스스로 의심 반, 두려움 반 섞인 공포심에 짓눌려 있었던 것 같다. 연구소를 차리고 시간이 흐를 때마다 초조함은 날마다 더해갔다.

숨 한번 돌리면 찾아오는 매달 말일은 고통의 날이었다. 월세를 내야 하고, 밀린 관리비 청구서가 날아올 때면 숨이 턱턱 막혀갔다. 문의해 오는 고객도 없고 커다란 연구소 안에 가만히 앉아있으니 실패에 대한 의구심이 감정을 날카롭게 만들었다. 막상 사업 체질이라고 큰소리치며 차렸으니 누구에게 불만도 말할 수 없었다. 사업하면 직장인일 때 꿈도 꾸지 못했던 시간적 자유와 경제적 자유를 얻는 것인 줄 알고 도전했는데 그야말로 정글이 따로 없었다.

직장에 다닐 때는 일정하게 주어지는 방학과 주말 휴가가 있었다. 가끔 토요일 출근할 때는 황금 같은 주말 하루를 반납하고 출근하는 것이 불만이었다. 사업을 시작하고 나서 그 휴식들이 얼마나 귀중한 것인지 깨달았다. 사업 초기에는 주말이 없다. 휴가도 없다. 잠잘 때도 사업 운영에서 생긴 고민들을 떠안은 채 잠이 들어야 한다. 해결될 때까지 마음을 놓을 수가 없다. 세금 문제, 고객 불만족, 연속으로 돌아오는 관리비와 사업운영비의 압박, 새로이 변화를 주어야 하는 사업운영능력, 마케팅 문제, 고객 응대 서비스, 경영문제, 자기계발, 매출 유지, 모든 것이 풀어내야 할 숙제들이다. 누구에게 찬찬히 도움 청할 만한 시간도 지인도 없다. 스스로 해결해 내야만 한다.

게다가 사업은 하나의 문제를 해결하면 더 큰 문제에 봉착한다. 쉴 틈도 없이 계속해서 문제를 해결해야만 한다. 휴일도 없이 사업을 운영하다 보면 어느새 한 해가 흐른다. 어설프게나마 내년 계획이라도 세워야 현상 유지를 할 수 있다. 고객은 끊임없이 새로운 경험을 요구하고, 고객 만족을 위해 현 사업을 어떻게 변화시킬 것인지 지속적으로 연구 개발해야 한다. 사업가는 무한한 갈망을 시도

하는 사람이어야 한다. 사업가에게 가장 최악의 단어는 만족이다. 사업가는 절대 만족이란 단어를 가져서는 안 된다. 그 순간 사업의 끝이 낭떠러지로 향하는 것은 시간문제다.

변화는 사업의 특권이다. 직장에서는 변화가 더디고 기회가 한정되어 있다. 변화하고 싶어도 나의 직급과 고정적으로 주어진 일들로 인해 변화 자체가 어렵게 된다. 그러나 사업은 다르다. 변화하지 않으면 끝이다. 변화는 필연이고 그 변화가 고객의 취향을 저격하면 마침내 홈런 한 방을 날린 것이다.

사업가의 목표는 최대한 많은 사람들에게 가장 이로운 가치를 최대한 많이 전달하는 것이다. 그 목표를 이루려면 먼저 사람들의 욕구와 필요를 가장 먼저 생각하고 찾아내야 한다. 내가 사업 초기에 날짜마다 동그라미를 그리며 두 발만 동동 구르고 있을 수밖에 몰랐던 이유는 내가 생각한 대로 다 이루어질 것이라는 심각한 착각 덕분이었다. 나는 비즈니스의 정확한 개념을 몰랐다. 비즈니스는 내가 하고 싶은 대로 사는 것이 아니다. 사람들이 원하는 물리적, 환경적 욕구를 채우고 그것에 가치를 심어 가치비용과 교환하는 것이다.

사업가 마인드로 사고하라

••••

사업가 마인드를 처음부터 다시 세팅하기로 했다. 그동안 사업장만 차리면 모든 것을 이룰 수 있다는 착각과 허세는 땅에 묻어버리고 진짜 비즈니스 인생을 시작하기로 한순간, 모든 것이 다르게 보이기 시작했다. 무엇보다 누구도 내 사업을 책임져 주지 않는다는 사실을 받아들이기로 했다. 나는 사업을 시작했지만 책임지지 않으려 했던 것이다. 이제는 더 이상 뒤로 숨을 방법이 없다는 것을 깨닫고 나서 사업의 정의를 다시 내려야만 했다. 나는 차근차근 다르게 실행해 나갔다.

직장인의 목표는 상사로부터 주어진다. 회사로부터 명령을 받는다. 반면 사업가의 목표는 스스로 찾아내야 한다. 사업의 목표는 항상 움직인다. 그래서 목표가 도달되려 할 때쯤 도달할 수 없을 것 같은 곳으로 다시 목표를 옮겨두어야 한다. 사업가에게 목표는 생존과 직결된다. 목표 없이 사업을 운영한다는 것은 소꿉놀이를 하는 것과 같은 말이다. 사업은 철저히 현실임을 인식한다면 제대로 된 명확한 목표에 의해 움직이는 사실을 알아야 한다.

목표가 세워지면 사업을 더 효율적으로 운영할 방법들을 찾아야 한다. 직장인일 때는 책임져야 할 일보다 책임지지 않아도 될 일이 더 많다. 사업가는 100% 내 책임이다. 그러므로 항상 효과성과 효율성을 따져보며 영리한 전략가가 되어야 한다. 고객에게 더 효과적인 방법으로 만족을 줄 수 있는 방법, 더 좋은 서비스를 경험하게 할 수 있는 방법들을 계속 모색해야 한다. 사업가에게 사업에 관한 모든 것은 무한한 가능성이다. 그런 자세가 사업의 발전을 이끌어 내는 훌륭한 원동력이 된다.

사업가로 살아가는 것은 출생의 비밀이나 누군가로부터 온 행운에만 의지해서 생기는 기회가 아니다. 오히려 지속적 변화를 향한 자신만의 비전, 과정의 헌신, 끊임없는 자기계발, 꾸준한 시도와 노력, 성실한 가치 등이 더 큰 영향을 준다. 자신의 마음속에 숨겨진 변화를 향한 갈망과 스스로 그 갈망을 찾아내 걸어가겠다고 다짐하는 사람에게 주어진 특권이다.

사업가로 살아간다는 것은 전적으로 나의 선택이고 나의 책임이다. 책임을 다하고 난 후에는 보상이 주어진다. '자유'라는 인간이 누릴 수 있는 가장 큰 보상이 생긴다. 자유는 누구나 누릴 수 있는 것이 아니다. 선택하고 책임지는 삶을 살아낸 사람에게만 주어진 보상이다.

나의 운명이 자유를 원하고 있다고 말한다면 비즈니스 능력을 갖춰야 한다. 사업가의 길을 걷고자 하는 사람들에게 자신이 성장하는 것 외에는 특별한 대안이 없다. 사업을 키워가면서 가꾸고 변화시켜 나가는 과정이 쉽지 않고 고통스러울 수 있지만, 그 고통을 감내하면 돌아오는 축복이 그 고통을 이겨낸 절댓값보다 더 크므로 물러설 이유가 없다.

이미 수많은 일자리를 AI가 대체하고 있는 변화의 물결 속에서 일자리가 사라지는 현상은 더욱 빠르게 가속될 것이라고 한다. 우리에게 주어진 대안은 무엇일까? 변화는 기회를 동반한다. 변화 속에 숨은 기회를 잡는 사람은 아마도 오래도록 꿈에 그리던 경제적 자유와 시간적 자유를 얻으려 나만의 사업을 가

뛰가는 사람들이 될 것이다.

　암울했던 사업 초기 어리석은 마음가짐을 버리고, 어느새 10년 차 사업가가 되었다. 이제는 세상의 변화에 두려워하기보다 새로운 가능성을 찾아다니는 즐거움이 더 크다. 다음 홈런은 어디서 터질까? 지금 이 시간, 가장 궁금해지는 질문이다.

직장을 그만두고 싶다면 알아야 할 것들
····

　직장의 안정감과 직위를 내려놓고 독립하게 된 순간부터 꿈으로 가는 외줄 타기가 시작된다. 직장의 울타리를 벗어나 처음 맞은 세상은 정글 그 이상이다. 나는 발버둥을 치고 있는데 앞으로 전혀 나아가지 못하는 느낌이다. 나는 익사 직전인데 아무도 내가 익사하는지 관심이 없다.

　너무 지치고 힘들어서 잠시 가만히 있으면 엄청난 썰물에 의해 급속도로 떠내려간다. 가만히 있을 때도 발버둥을 쳐야 한다. 결국, 내 몸과 정신이 정글을 헤쳐나갈 만큼 단단해진 뒤에야 정글 같은 현실에서 밀려오는 쓰나미도 멈춘다. 그때 나의 구명조끼가 되는 것이 적게라도 모아 놓은 운전자본이다. 다른 사람들은 이 자본을 종잣돈이라고 부른다.

　퇴사하고 사업을 준비할 마음이 있다면 구명조끼는 입고 나와야 한다. 나는 경제 관념도 0이었고, 사회에 나가면 더 호의적인 세상이 기다리고 있을 거라는 착각 때문에 구명조끼를 입을 생각도 못한 채 독립해야 했다. 운전자본 없이 거친 세상에 덤비기라도 하는 날에 내 마음에 쓰라린 흉터가 남는 것은 시간문제다. 정말 운이 좋게도 내가 정글을 헤쳐 나올 수 있었던 것은 멘토의 한 마디 덕분이었다.

정글에서 지쳐 쓰러져 다 포기하고 싶을 때 남편과 함께 멘토를 찾아갔다. 이 길이 아닌가 싶어 다시 진지하게 물었다.

"제가 다시 직장으로 돌아가야 할까요?"

그때 멘토는 우리 부부의 두 손을 꼭 잡고 이렇게 말해주었다.

"조금만 더 버텨! Dip이야."

여기서 Dip이란 아무리 노력해도 성과가 나지 않을 것 같은 깊이 팬 구덩이다. 구덩이 구간을 이겨내면 성공 곡선을 걷게 된다. 비전과 가치가 있는 일에는 한동안 Dip이 있게 마련이다.

그 한마디에 그동안 잘 버텨낸 자신이 대견하기도 하고 한편으로는 서럽기도 했다. 약해지기 싫어서 참았던 눈물이 뚝뚝 떨어졌다. 그 눈물이 떨어진 자리가 우리 부부의 가장 큰 Dip이었다. 이후의 과정을 충실히 견뎌낸 후 비로소 성공 곡선을 탈 수 있었다.

창업 전문가이기도 한 남편은 지금도 아무 준비 없이 퇴사를 고려하거나 사업을 준비 중인 분들을 만나면 조급함을 버리라고 한다. 조급함으로 인한 선택은 최악의 조건들과 마주할 수밖에 없는 상황을 만든다.

더 나은 선택은 여유에서 나온다. 여유가 없으면 감정이 우리 자신을 지배하게 되고, 결국 감정적으로 선택한 것에는 후회가 따르기 마련이다. 우리 부부처럼 남편은 퇴사를 하고, 아들이 자가면역질환으로 목숨이 위험할 정도의 큰 위기를 한꺼번에 맞은 것이 아니라면 조금 더 여유가 생길 때까지 현재 상황들을 다듬어 나가야 한다.

10배 성공으로 가는 실행의 특이점

머리와 다리는 한 끗 차이

••••

사업을 시작하게 되면서 시간의 흐름이 무척 다르게 느껴지기 시작했다. 사업할 때 흐르는 시간은 마치 응급실에서 일분일초 사투를 벌이는 의사들의 시간과 닮아 있었다. 만약 나에게 시간을 관리해야 한다는 개념이 없었다면 사업이라는 거대한 블랙홀이 만들어 낸 시간 유속에 휩쓸렸을 것이다.

시간은 머리만으로 관리할 수 없다. 머리와 다리가 함께 움직여야 한다. 시간이 머리로만 관리될 수 있다면 계획한 대로 100% 실현되어야 한다. 하지만 계획한 그대로 하루를 살아가는 사람은 거의 없을 것이다. 사업가라면 더더욱 그렇다. 시간적 자유를 얻지 못한 상태라면 그 사업가는 시간을 온전히 자신이 원하는 대로 활용할 수 없을 것이기 때문이다.

시간을 관리하는 데 머리와 다리가 함께 사용되어야 하듯 사업도 머리로만 일구어낼 수 없다. 머리와 다리가 함께 움직여야 한다. 즉 생각과 행동이 함께 가야 한다는 말이다. 머리로는 사업의 미래, 앞으로의 계획, 로드맵 등을 생각해야 한다. 경영자라면 머리를 사용하는 데 더 많은 시간을 쓴다. 사업에 고용된 직원이라면 다리를 더 많이 쓴다. 모든 살아있는 지식은 현장에만 존재한다. 경영자는 현장에 두 발을 들여놓고 있어야 한다. 현장을 벗어나는 순간 감을 잊어버린 꼰대가 되는 건 한순간이다.

머리 경영자에서 머리와 다리 경영자로
····

나는 무언가를 시도할 때 머리로만 해내려고 하는 사람들을 머리 경영자라고 부른다. 머리로만 경영하는 사람들은 몇 가지 특징을 갖고 있는데, 우선 회의 시간이 무한정 길다. 툭하면 아랫사람에게 서면 보고를 강요한다. 자신의 머리에 정답을 정해 놓고 있기 때문에 정해 놓은 정답에서 벗어난 결과를 보고받으면 다시 보고를 요하거나 회의를 재탕한다. 아마존의 경영자 제프 베조스의 회의는 피자 두 조각을 다 먹기 전에 회의를 끝낸다는 '피자 두 조각 원칙'을 기반으로 진행된다. 그 때문에 회의 시 핵심 전달 내용만 짧게 나눈 후 현장에 집중한다. 하지만 머리 경영자가 되면 제프 베조스가 정해 둔 '피자 두 조각 법칙'이 적용된 회의는 먼 나라 이야기가 된다.

또 다른 특징은 남 탓을 하는 것이다. 머리 경영자는 현장 지식이 없거나 부족하다. 때문에 원인을 파악하는 대신 결과로 추궁한다. 원인이 아닌 결과만을 바라보면 남 탓처럼 보인다. 자신이 현장에 없었으니 나와는 상관없다는 일차원적인 생각 때문에 내 책임이 아닌 남 탓이 되는 것이다. 이런 경영자 밑에서 일하는 직원 역시 책임 회피 성향이 강해진다.

머리와 다리가 함께 움직이는 경영자는 다르다. 머리로 생각만 하는 자체로는 의미가 없다. 머리에 담긴 아이디어를 구현할 행동이 따라야 한다. 특히 사업에서는 즉시 행동이 이뤄지지 않으면 금방 매출에 타격을 입는다.

머리로 비전과 분명한 목표를 세우고, 그것을 달성하기 위해 구체적인 행동들을 해 나갈 때 사업의 발전 역시 도모할 수 있다. 머리와 다리의 속도 차이와 간극을 좁히면 좁힐수록 사업 역량이 커진다.

인생을 성공으로 이끌어주는 요소인 행동력, 성실, 도전과 뚜렷한 목표 같은 것들은 머리와 다리가 함께 할 때 의미가 있다. 아무리 좋은 전략을 가졌다 해도 다리가 움직이지 않으면 반쪽짜리 전략일 뿐이다.

머리와 다리가 함께 움직이는 실력은 적극적인 실행훈련을 통해 만들어질 수 있다. 현미밥이 건강에 좋다고 알고 있는 사람과 현미밥이 좋다는 것을 알고 저녁 식사를 현미로 대체하는 사람의 시간은 다르게 흐른다. 지식을 알고 있는 사람은 많다. 지식을 실천하는 사람은 적다. 지적 유희를 즐기는 사람은 많다. 지적 나눔을 실천하는 사람은 적다. 지적 나눔이란 지속적 아웃풋을 통해 사람들을 돕는 행동을 말한다.

스스로 실천하는 것이 잘 안 된다고 느껴진다면 실천할 수밖에 없는 환경을 만드는 것이 중요하다. 하고 싶은 일 대신 반드시 해야 할 일들로 하루를 채워보는 것은 어떨까? 나의 행동에 조건과 보상을 걸어보면 어떨까? 이때 너무 과한 목표를 세우거나 급작스러운 행동을 계획하면 더욱 행동에 제약이 걸릴 수 있다. 실천으로 가기까지 가장 작은 실행들로 습관을 만들어 가야 한다. 처음엔 나만의 페이스대로 아주 천천히 움직여 보도록 한다. 페달을 아주 천천히 굴리되 꾸준히 유지하다 보면 어느 순간 가속도가 붙어 스스로의 힘으로 굴러가는 시기가 온다. 그때까지 반복하는 것이 훈련의 목표다.

실행의 특이점까지 가는 기준
····

사업 초기에는 두 다리의 힘을 많이 써야 한다. 계속 부딪히고 배우면서 깨닫고 해결해 나갈 수 있다. 다리를 이용해 사방으로 뛰면서 배워가는 시간이 절대적으로 많이 필요하다. 사업의 기초체력이 생기면 점점 머리를 쓰는 시간을 키운다. 다리로

할 수 있는 일들은 위임할 수 있다. 하지만 머리로 하는 생각은 위임할 수 없다. 더 나은 성공 패턴으로 나아가는 길은 다리에서 시작해 머리로 향하는 것이다.

머리로만 삶을 배운 사람들은 결실이 없다. 추운 겨울이 오면 베짱이처럼 집 없는 신세가 된다. 개미는 평소에 자신의 다리를 이용해 겨우내 먹을 충분한 먹이를 저장해 둔다. 만약 개미가 두 다리로 재빨리 움직이지 않았다면 추운 겨울 따뜻하게 지낼 집은 만들어지지 않았을 것이다.

머리로만 아는 것은 베짱이의 삶이고 다리로 사는 삶은 개미의 삶이다. 우리는 머리와 다리가 번갈아 가며 일하는 패턴을 만들어야 한다. 그럴 때 좋은 실행의 기준은 생각하는 사람처럼 행동하고 행동하는 사람처럼 생각하는 것이다. 머리는 다리의 입장이 되어보고, 다리는 머리의 입장이 되어본다. 역지사지의 마음으로 머리와 다리가 하이브리드 조화를 이뤄 최고의 시너지를 일으키는 것이다.

머리의 역할과 두 다리의 역할이 잘 행해지면 다음으로는 실행의 특이점을 향해 가야 한다. 실행의 특이점이란 내가 특별히 노력하지 않아도 자동화처럼 이뤄지는 단계를 말한다. 인간은 습관의 동물이기 때문에 의식적 노력에서 무의식적 노력의 영역까지 갈 수 있다. 어떤 상황에 부딪혔을 때 두 다리로 달려야 할 상황인지, 머리로 심사숙고하고 결정을 해야 할 상황인지를 알 수 있을 때까지 충분히 경험을 쌓아가는 것이 중요하다. 이때 필요한 것은 앎(Knowing)과 실천(Doing)의 기준이다. 어디까지 알아야 하는가? 어디까지 실행해야 하는가? 역시 선택의 문제다. 이런 일련의 선택들이 직감에 의해 스스로 결정될 수 있을 때까지 우리는 '노잉'과 '두잉'의 갭을 줄여나가야 한다.

머리와 다리는 한 끗 차이지만 이 한 끗의 갭을 마침내 완벽하게 제로로 만들어내는 사람에겐 '넘사벽'이라는 단어가 따라붙게 된다. 다리로는 신속을, 머리로는 신박함을 추구하자.

10배 목표를 이뤄 줄 슈퍼 루틴! 모닝 퓨처

중독의 삶에서 벗어나기로 마음먹다

　30여 년을 매일 소용돌이 같은 문제 더미 속에서만 살았다. 그런데 10년의 시간 동안 인생이 달라지기 시작했다. 그사이에 어떤 것이 변했기에 새로운 인생을 살게 됐을까?

　가장 큰 변화는 나를 속이는 기분을 만드는 행동들로부터 멀어진 것이다. 30년 동안 나는 오늘 당장 기분 좋아질 수 있는 행동만 했다. 갑작스러운 친구들의 연락에 망설임 없이 바로 달려 나갔다. 몸이 힘들거나 마음이 힘들면 침대와 한 몸이 되었다. 몸에 건강한 음식을 먹는 것보다 내가 먹고 싶은 음식만 골라 먹었다. 나에게 주어진 시간이 무한대라고 착각하면서 회사에서 지내는 시간 외에는 오로지 내가 하고 싶은 대로 살았다. 돈이 조금이라도 생기면 영화를 보거나 옷을 사며 단기간이라도 부자가 된 척 무한 소비를 했다.

과거를 추적해보니 스스로 행복한 인생이라고 말하며 구렁텅이로 내몰고 있는 삶을 살아왔던 것이다. 더 이상 멈추지 않으면 평생을 거짓 환상에 속으며 가난을 대물림한 채 인생을 끝냈을지도 모를 일이다.

나는 거짓 환상과 잠깐의 만족을 느끼려고 해로운 행동들만 하는 중독의 삶을 벗어나기로 했다. 나를 속이는 기분을 주는 모든 행동들을 하나하나 점검했다. 인생에 해로운 행동들을 멈추기 위해 내 무의식에 말을 걸기 시작했다. 무의식에 말을 거는 방법은 새로운 목표를 넣어 주는 것이다. 과거의 삶에는 뚜렷한 목표가 없었다. 목표 대신 즉흥적인 삶이 내 인생을 지배하고 있었다. 그런데 무의식에 새로운 목표를 넣어주자 3일도 못 되어 심한 거부반응이 나타났다. 아직 성숙하지 못한 무의식에 너무 커다란 목표를 세운 것이다. 목표에 맞는 행동들을 어떻게 이뤄가야 할지 몰랐다.

스마트한 부자들의 필수품

····

무작정 목표를 실현시킬 수 있는 방법을 공부했다. 자수성가한 부자들의 삶을 책으로 읽고, 정리하면서 지금 내가 할 수 있는 실천사항들을 적용해보기로 했다. 스마트한 부자들은 항상 목표를 갖고 다닌다. 목표를 갖고 다닌다는 것의 의미는 적게는 24시간, 많게는 5년, 10년 그 목표가 이뤄질 때까지 한시도 목표에서 떨어지는 법이 없는 삶을 사는 것이다. 또한, 그들은 목표에서 결코 눈을 떼지 않는다. 어떻게 해서든 목표를 이룰 수 있는 방법만을 떠올리며 그 목표를 이루기 전 불안감이 엄습할 때마다 자신만의 방법으로 목표에서 불안을 분리시켜 버린다.

나에게 현재 가장 큰 목표는 7,777억의 순자산을 갖는 것이다. 그런데 목표가 있는 것만으로는 목표가 허황한 꿈이 될 수 있다. 목표를 현실로 만들려면 지나치다고 할 정도로 강력한 행동력과 추진력, 그 목표를 이룰 수 있는 데드라인이 함께 해야 한다.

부자들은 그 목표를 향해 내가 지금 할 수 있는 일들을 찾는 데 선수들이다. 부자들이 알고 있는 목표를 이루는 가장 빠른 지름길은 매일 쌓아 올리는 과정을 최선을 다해 만들어내는 것이다. 스마트한 부자일수록 하루의 가장 많은 시간을 목표를 이루는 데 집중한다. 목표에 집중하지 않으면 새로운 일, 급한 일들에 나의 하루가 표류하게 된다. 목표를 이루는 길은 전투의 과정과 같다. 꽃길이 아니다. 많은 에너지를 쏟아부어야 하고, 생각과 행동을 온전히 목표에 맞춰야만 한다.

스마트한 부자가 되는 필수품은 목표를 이룰 능력을 갖추는 것이다. 현재 우리의 삶은 목표를 이루지 못하도록 방해하는 알고리즘에 지배되고 있다. 유튜브만 들어가도 나에게 흥미를 주는 다양한 알고리즘 추천 영상이 나를 반긴다. 내 인생 목표를 이루어 줄 알고리즘을 잠시라도 놓친다면 남이 만들어 놓은 알고리즘 무한 굴레에 빠져 버린다.

나는 나만의 목표를 실행할 알고리즘 체계가 필요했다. 내 마음은 너무 연약하고 쉽게 흔들려서 조금만 강력한 유혹이 다가와도 쉽게 흔들린다. 그래서 스스로를 가둘 수 있는 강력한 목표 실행 시스템이 필요했다. 흔들림 없는 인생을 위해 목표에서 눈을 떼지 않는 방법을 찾아야 한다. 주어진 대로 사는 삶이 아니라 목표를 이루는 모습을 증명해 내는 삶을 사는 것이 훨씬 더 중요하기 때문이다.

'어떻게 목표를 내 안에 가두고 실행까지 연결할 수 있을까?' 고민하기 시작했다. 먼저 독서를 통해 답을 찾아보기로 했다. 약 100권의 책을 읽으며 목표를 단순히 목표에서 끝내지 않고 실천까지 할 수 있는 방법을 찾았다. 그리고 그 책들의 저자가 알려주는 방법들을 통합해보니 목표가 이루어지는 놀라운 경험을 할 수 있었다.

1번. wish 노트를 만들고 실행하다

••••

내가 매일같이 쓰는 노트가 있다. 바로 'wish 노트'다. wish 노트는 《보도 섀퍼의 돈》, 《3개의 소원 100일의 기적》, 《더 해빙 The Having》을 보면서 받은 인사이트와 책 속에 나온 솔루션들을 내 스타일에 맞게 '소원', '영향력', '성공', '해빙'이라는 네 가지 키워드로 정리한 것이다.

부자들에게 목표를 이루는 과정은 상식이고 당연한 일이다. 성취하기 위해 당연히 목표가 존재해야 하고, 당연히 행동력이 있어야 하는 것이다. 목표가 없는 삶에서 남는 것은 환상을 바라는 헛된 희망뿐이다. 명확한 결과를 바란다면 그에 맞는 명확한 목표와 과정이 존재해야 한다. wish 노트는 그 과정을 유지시켜주는 윤활유 역할을 해주면서, 적극적으로 자신의 목표와 소원들을 이루어 갈 수 있도록 한다.

목표를 이루는 데 필요한 것은 어마어마한 종잣돈이나 시간이 아니다. 지금부터 목표를 이룰 때까지 계속 시도하겠다는 용기다. 평범한 사람도 목표를 이루고 부자가 될 수 있다. 많은 사람이 wish 노트를 통해 목표를 달성하는 경험을 하길 바란다.

다음은 wish 노트 작성법이다. 네 가지 종류의 노트 작성법을 살펴보고 그중 자신에게 맞는 것을 활용하면 된다..

소원(wish) 노트

- 100일 안에 이루고 싶은 세 가지 소원을 정한다.
- 하나의 소원을 세 번씩 쓴다. 소원을 쓸 때는 반드시 숨을 들이마신 후 꾹 참고 써야 한다. (숨을 참고 소원을 적는 이유는 숨을 참을 때 무의식이 스트레스를 받으며 더 잘 기억하게 되고 그것을 이뤄야겠다고 무의식에 각인되기 때문이다. 숨을 너무 오래 참으면 어지

러울 수 있으므로 되도록 소원은 간결하게 적는다.)
- 세 번 연속 소원을 쓴 후에 참았던 숨을 천천히 내뱉는다.
- 나머지 두 개의 소원도 같은 방식으로 숨을 들이마신 상태로 세 번 적고 숨을 내뱉는다.

영향력(Influencer) 노트

- 오늘 하루 동안 만난 사람들 중 나에게 선한 영향력을 준 한 사람을 정한다.
- 그 사람의 장점과 배우고 싶은 점, 인사이트 등을 찾아 메모한다.
- 오늘 만난 사람이 없다면 어제 적은 내용을 다시 보고 강화시킨다.
- 즉시 내 삶에 적용해 본다.

성공(Success) 노트

- 오늘 내가 잘한 일을 떠올려보고 3~5가지 정도 적어본다.
- 성공 노트를 스스로 칭찬한다는 마음으로 아주 작은 일이라도 기쁘게 적는다.

해빙(Having) 노트

- I have 영역: 현재 내게 주어진 것, 가진 것에 집중해서 적어본다.

예) 나에게 커피를 사 마실 돈이 있다. 나에게 좋은 사람들과 대화를 나눌 시간이 있다.

- I feel 영역: 내가 느끼는 감정에 집중해서 적어본다.

예) 책을 쓰고 있는 지금이 너무 소중하고 감사하다. 아이들과 여행할 수 있는 시간이 주어져서 기쁘다. 책을 선물할 좋은 친구가 있어서 행복하다.

[wish 노트 예시]

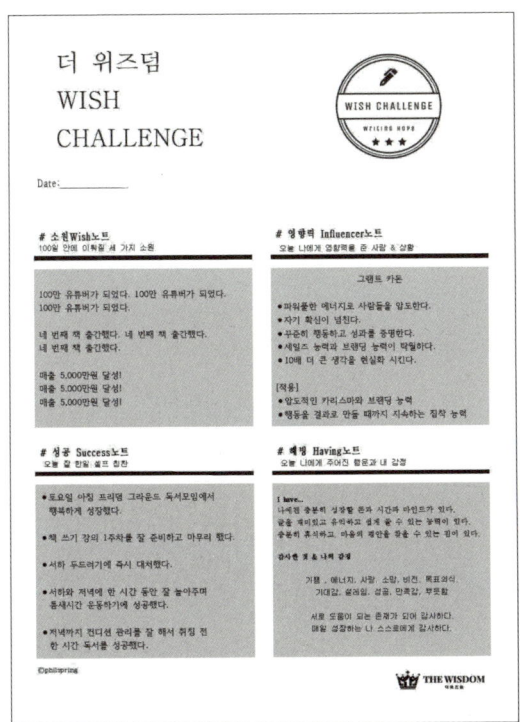

[wish 노트 원본]

더 위즈덤
WISH CHALLENGE

Date:_____

소원 Wish노트
100일 안에 이뤄질 세 가지 소원

영향력 Influencer노트
오늘 나에게 영향력을 준 사람 또는 지식과 깨달음

성공 Success노트
오늘 잘 한일 셀프 칭찬

해빙 Having노트
오늘 나에게 주어진 행운과 감사

I have...

감사한 것

©philspring

2번. 내 안의 정체성을 180도 바꾸는 모닝 퓨처를 실행하다

....

위시노트는 무의식을 많이 자극하기 때문에 100일간 꾸준히 작성한 후에는 반드시 100일간 휴식을 가져야 한다. 하지만 이렇게 쉬다 보면 100일간의 성장이 무색하게도 주변에서 들리는 여러 가지 회의적이고 부정적인 목소리, 자신의 내면에서 불쑥불쑥 올라오는 불신의 생각 같은 불순물들이 뒤섞이면서 기존의 생각대로 돌아가기에 십상이다. 마치 느슨했던 고무줄을 탱탱하게 당겼다가 놓으면 한순간에 '팡'하고 튕겨 나간 후 탱탱함 대신 축 늘어진 고무줄의 모습과 같은 상태라고 해야 할까? 심지어 한번 늘어났던 고무줄은 원래 갖고 있던 기본값마저 흐물흐물해진 상태가 되어 버린다.

그렇다면 순식간에 '되돌아가려는 본능'을 미리 방지할 순 없는 것일까? 나는 그 해답을 매일 아침 내가 원하는 정체성을 리부트하는 것에서 찾았다. 많은 사람들이 변화하고 싶을 때 가장 먼저 찾는 것은 '방법론'이다. 하지만 나는 그것과 정반대로 오히려 '본질론'을 내세운다. 즉 밑그림이 잘못 그려져 있으면 아무리 화려한 색감과 그림 기술을 사용해도 원하는 작품이 탄생하지 않는다는 말이다. 나는 우아한 부자가 되기를 바라면서 내 안에 밑그림이 여전히 가난한 존재로 세팅되어 있다면 반드시 결과론적으로도 오류가 나타나게 되어 있다.

과거와 미래는 원인과 결과의 법칙에 의해 영향을 받기 때문에 입력값(원인)에 오류가 생기면 원하는 답(결과)은 나타나지 않는다. 그러므로 반드시 꾸준히 결과를 만들고 싶다면 방법론이 아닌 '본질' 그러니까 매일 아침 밑그림부터 제대로 세팅해야 한다. 나는 나를 포함해 사람들의 무의식에 입력된 정체성의 법칙을 매일 새롭게 세팅해 줄 수 있는 특별한 모닝 루틴을 만들었다. 그 루틴은 바로 '모닝 퓨처'다.

모닝 퓨처는 매일 아침 5분 동안 내 안의 정체성을 180도 바꾸는 시간이다. 모닝 퓨처의 기본값은 이것이다.

'외면세계를 바꾸기 위해 내면세계를 먼저 바꾼다.'

이 문장을 다시 천천히 따라 읽어보라.

'외면세계를 바꾸기 위해 내면세계를 먼저 바꾼다.'

하지만 아이러니하게도 대부분 이 문장과 정반대로 외부 세상부터 변화시킬 정답만 찾고 있지 않은가? 내가 진정으로 원하는 '미래의 나'와 연결되고 싶다면 정체성을 먼저 변화시킨 후 그에 맞는 우선순위 행동을 해야 한다. 그렇게 될 때 비로소 '과거의 나, 현재의 나, 미래의 나'가 하나로 연결되어 진심으로 원하는 내 미래, 진짜 나 다운 내 모습으로 부를 이루는 나를 만날 수 있다. 그렇다면 모닝 퓨처는 어떻게 하는 것일까?

하나, 나만의 10배 노트를 작성한다.

(내가 원하는 것의 10배 큰 목표리스트를 적는다.)

모닝 퓨처 10배 노트

10배의 법칙은 성공을 갈망하는 사람을 위한 성배다.
성공을 위해 가장 먼저 해야 할 일은 생각을 10배 더 원대하게 하고 행동을 10배 더 많이 하는 것이다.
-그랜트 카돈

작성 일 :
10배 목표 1.
10배 목표 2.
10배 목표 3.
10배 목표 4.
10배 목표 5.
10배 목표 6.
10배 목표 7.
10배 목표 8.
10배 목표 9.
10배 목표 10.

작성 일 :
10배 목표 1.
10배 목표 2.
10배 목표 3.
10배 목표 4.
10배 목표 5.
10배 목표 6.
10배 목표 7.
10배 목표 8.
10배 목표 9.
10배 목표 10.

둘, 내가 닮고 싶은 롤모델 5명 찾기 & New 정체성을 가시화 후 선언한다.

번호	롤모델 이름	닮고 싶은 점 (구체적으로 작성)

Morning Future
자기 정체성 확인하기

내가 어떤 정체성으로 세팅하며 살고 있는지 가시화 해 보자

1. 나는 글로벌 100조 기업, 더 위즈덤을 키우는 기업가다.
2. 나는 내면과 외면의 성공 면역을 키우는 성공자다.
3. 나는 자유를 사랑하고 그에 따른 책임지는 인생을 사는 자유인이다.
4. 나는 7,777억 자산을 소유한 자산가다.
5. 나는 세계 최고의 마케팅적 사고와 실행을 하는 마케터다.
6. 나는 영감 있고 지혜 있는 글을 잘 쓰는 스테디셀러다.
7. 나는 매일 크리티컬 패스를 실행하는 유능한 리더다.
8. 나는 과정을 즐기고 결과로 증명하는 사람이다.
9. 나는 세상에서 가장 지혜로운 아내이다.
10. 나는 세 자녀에게 신앙과 기업가 정신을 가르치는 엄마다.
11. 나는 하나님의 말씀 안에서 성공한 크리스쳔 사업가다.
12. 나는 나뿐만 아니라 타인들까지 백만장자로 만들어 주는 부자다.
13. 나는 명확한 목표와 인생의 사명을 이뤄가는 내 인생의 주인이다.
14. 나는 대한민국 기부왕 이다.
15. 나는 골드버튼을 획득한 100만 유튜버다.

The Wisdom

셋, 나만의 10배 목표가 담긴 10배 만다라트를 작성한 후 매일 아침마다 읽으며 느낀다.

(이때 느낀다는 것은 만다라트 속 키워드를 읽을 때 즐겁고 행복한 감정이 느껴지면 진짜 내가 원하는 목표라는 뜻이다. 감정이 느껴지지 않으면 10배 만다라트 키워드를 수정하라)

넷, 매일 아침 만다라트 속 키워드를 한 가지 정해 3줄 미래일기를 즐겁게 상상하며 쓴다.

- 10배 목표 키워드 : 베스트셀러
- 3줄 미래일기 : 드디어 내 이름으로 된 첫 책이 출간되었다. 많은 분들의 축하 전화와 문자가 이어졌다. 내 책은 출간 2주 만에 베스트셀러가 되었고, 오늘 서점에 갔는데 어떤 분께서 알아봐 주시며 사인요청을 했다. 꿈꾸던 저자의 삶이 신기하고 감사하고 즐겁다.

다섯. 매일 과거의 나, 현재의 나, 미래의 나와 만난다.

- 어제의 나야 성공해서 고마워! (어제의 나에게 찾아온 행운과 감사 3가지)

▷ (예시) 예상치 못한 곳에서 강의 의뢰가 들어와서 감사하다.

▷ (예시) 내가 찾고 싶은 해답이 다 들어있는 책을 구매하게 되어 감사하다.

▷ (예시) 첫 만남 후 3년 만에 연락을 주신 고객분께서 행동력 코치과정을 등록해 주셔서 감사하다.

- _____
- _____
- _____

- 오늘의 나야 성장해서 고마워! (오늘의 나를 사랑하는 셀프 칭찬 3가

지)

▷ (예시) 일이 바쁘지만 아이들을 위해 건강한 집밥을 만든 것 칭찬해!

▷ (예시) 고객님 요청에 즉시 대응해 드린 것 칭찬해!

▷ (예시) 새벽에 일어나 책을 집필한 것 칭찬해!

- _____
- _____
- _____

- 미래의 나야 꿈 꿔줘서 감사해! (미래의 내가 후회하지 않기 위한 나 자신과의 실천 약속 1가지)

▷ (예시) 아무리 바빠도 블로그와 책 집필은 반드시 하기

- _____

다섯, 브레인 스토밍 한 후 아이디어를 곧장 실행한다.

미래일기를 작성한 키워드로 자유롭게 브레인 스토밍을 해보고 그에 따라 나타나는 아이디어들을 곧장 실행에 옮긴다.

⟨브레인 스토밍 키워드 : _____⟩
_____
_____
_____

● 실행 아이디어 : _____
_____
_____
_____

    처음 모닝 퓨처를 시작할 땐 5분보다 훨씬 더 긴 시간이 소요된다. 10배 노트 작성, 10배 만다라트 작성, 롤모델 5명 찾기 같은 것들은 시간이 오래 걸리기 때문이다. 하지만 10배 만다라트나 롤모델 찾기는 한 번 작성해 두면 매일 아침마다 보고 읽기만 하면 되므로 처음에 시간이 걸리더라도 침착하게 완수하면 된다. 이 단계까지 완성되면 그다음은 매일 아침 5분이면 정체성을 새롭게 리뉴얼 할 수 있는 획기적인 미래 여행을 할 수 있다.

    모닝 퓨처의 즐거움은 비단 나만 느낀 것이 아니었다. 모닝 퓨처를 30일간 함께 했던 분들도 '진정한 나'와 마주하는 기쁨을 느낄 수 있었다며 진솔한 후기를 함께 나눠주셨다.

    모닝 퓨처 루틴을 실행한 이후 나의 아침은 매일 시공간, 과거와 현재, 미래를 넘나들고 있다. 매일 미래에 대한 불안함과 걱정으로 시작되던 하루가 명확하게 원하는 목표를 향해 3점 슛을 날릴 수 있는 즐거움으로 시작하게 되었다. 하고 싶은 것은 너무 많은데 우선순위를 몰라 갈팡질팡 헤매던 어리석은 바쁨에서 명확한 데드라인과 프로젝트가 있는 영리한 바쁨으로 바뀌었다.

<모닝퓨처 챌린지를 통해 깨달은 점 >
1. 정체성 강화의 중요성을 절실하게 깨달았다.
- 만다라트, 10배노트, 비전보드, 미래일기 등 제시해주신 다양한 방법들이 중요하다는 것은 알고 있었지만, 혼자 해보면서 잘 안될때도 많았고, 어떤 부분에 신경써야하는지 몰라 답답하기도 했다. 챌린지를 통해 구체적인 지침을 통해 제대로 체화할 수 있었다. 정체성을 강화하는 일은 어쩌면 미래를 위한 유일한 작업이라고 할 수 있을 정도로 최우선 과제임을 명확히 깨달았다.

<모닝퓨처30일을 마치고>
아래와 같이 5가지 정도 깨달았습니다.
 - 아 래 -
1)시간의 소중함과 하루 하루가 생각보다 많은 일을 할 수 있다는 점

2)원가를 이루려면 원하는 것을 결정 했을때 이루어 진다는 점

3)누구랑 함께하는지~ 팀웍 및 팀분위기도 중요하다는 점

4)목적이 분명하고 간절 했을때 현실이 된다는 점

5)처음에는 뭔가 의도성이 있어야 시간이 지나면 그것이 나중에 자연스러운 습관이 된다는 점

모닝퓨처를 통해 제가 가장 크게 깨달은 것은, 그동안 제가 나 자신을 제대로 모르고 있었다는 사실입니다. 분주하게 살아왔지만 정작 삶의 방향성과 목적에 대한 분명한 목표는 없었습니다. 모닝퓨처는 그런 저에게 목표를 세우고 방향을 잡을 수 있도록 도와주었습니다.

특히 매일 아침 나의 정체성을 선언하고, 저녁마다 나 자신을 칭찬하는 습관은 생각보다 강력한 에너지를 주었습니다. 나를 응원하는 말 한마디, 나를 인정하는 작은 칭찬이 얼마나 큰 힘이 되는지를 체감했습니다.

개인적으로 단기 목표를 계획하고 달성하는 것은 누구보다 자신 있지만,
장기계획이나 미래를 생생하게 그리는 건 많은 노력이 필요한 일이었습니다.
억지로 하더라도 '내 것'이 아닌 느낌을 받을 때가 있었는데, 이번에 챌린지를 하면서 이를 가장 쉽게 하는 방법이 바로 '롤모델' 찾기라는 것을 깨달았습니다.

내 미래 모습을 억지로 그리기보단, 5년뒤, 10년뒤, 20년뒤 내가 살고 싶은 모습대로 이미 살고 계신 분들이 누구인지, 그 분들의 어떤 모습을 닮고 싶은지를 생각해보는 것이 훨씬 효율적인 방법임을 깨닫게 되었습니다.

모닝퓨처를 함께한 분들의 후기

    모닝 퓨처 덕분에 비로소 내 인생을 흐릿하게 만들었던 안개가 바로 '정체성 혼란' 때문이었다는 것을 깨달았다. 매일 아침 내 안의 나와 만나는 단 5분만으로 상상 속 미래가 현실이 된다면 매일 5분은 투자해 볼 만하지 않은가?
    누구에게나 아침은 찾아온다. 하지만 아침을 보내는 성공 공식은 모두 다르다. 나는 앞으로도 매일 기적처럼 찾아오는 소중

한 아침에 기꺼이 내 안에 잠든 거인인 '미래의 나'와 만날 것이다. 아래 QR코드로 접속한 후 상단에서 모닝 퓨처 한 장 플래너를 다운받아 30일간 꾸준히 기록해 보자.

모닝 퓨처 한 장 플래너 다운로드 받기

부자가 될 수밖에 없는 사람의 특징

4번의 시도와 실패 끝에 만들어진 독서모임

••••

나는 9년 째 매주 토요일 아침 7시에 온, 오프 동시에 진행되는 <프리덤 그라운드>라는 독서 모임을 운영하고 있다. 처음 우리 부부에게 독서 모임을 해보자는 제안이 들어왔을 때 마음속에 갈등이 생겼다. '내가 운영할 능력이 될까?' 하는 의심이 들어 거절하고 싶었다. 다른 한편으로는 완전 좋은 기회라는 생각과 함께 당장 시작하고 싶은 마음도 들었다. 두 마음 중 어떤 것을 선택했을까? 당연히 기회를 잡고 당장 시도해보기로 했다.

처음엔 소수의 사람들과 함께했다. 점점 시간이 쌓이다 보니 독서에 관심 있는 많은 사람들이 소개받거나 인터넷 검색을 통해 찾아왔다. 370회가 넘어간 현재는 온라인과 오프라인 동시

진행으로 거리에 상관없이 더 많은 분들이 함께 해주신다.

독서 모임을 꾸준히 이어갈 수 있었던 비결은 앞서 네 번의 실패가 존재했기 때문이다. 나는 책을 혼자 읽는 것에서 그치지 않고 읽은 것을 나누는 것까지 즉시 실행했다.

처음 만든 것은 가족 독서 모임이었다. 4~5회차까지 잘 진행되다가 서로 주말이 바쁘다는 핑계로 한두 회차 미루었더니 자연스럽게 가족 독서 모임을 더 이상 진행할 수 없게 되었다.

두 번째 독서 모임은 내가 직장에 다닐 때 만들어진 독서 모임이었다. 서울에 계셨던 분이 직접 인천까지 내려오셔서 독서 모임을 진행해주셨지만, 물리적 거리가 상당했고, 도서 선정이 잘 맞지 않아 중간에 그만두게 되었다.

세 번째는 유아학교 근무 시절 우리 반 학부모님들과 함께 만든 독서 모임이었다. 그런데 독서가 모두 처음이다 보니 토론이 자꾸 산으로 갔다. 나의 성장과 발전에 관한 이야기가 아닌 시댁 이야기, 남편 이야기, 자녀 이야기로 흘렀다. 결국, 남 이야기만 실컷 나누다가 흐지부지되었다.

네 번째 독서 모임은 하브루타 교육에 가서 인연이 된 선생님 가족과 함께 하는 독서 모임이었다. 깊게 독서한 후 서로 질문하고 대화를 나누며 알아가는 시간들이 신선했지만, 선생님의 잦은 야근과 이사로 몇 달 후 자연스레 파했다.

힘겹게 다섯 번째 독서 모임을 만든 것이 현재 운영 중인 프리덤 그라운드다. 앞서 네 번의 독서 모임을 만들어 보고, 실행하며 실패도 맛보았던 것이 프리덤 그라운드를 운영하는 데 큰 자산이 되었다. 이른바 기초 체력이 탄탄해진 것이다. 만약 내가 독서 모임이 중요하다는 사실을 알면서도 만들어 보고 운영해보지 않았다면 독서 모임을 만드는 것과 유지하는 것이 예상보다 어렵다는 사실을 몰랐을 것이다. 만약 네 번의 독서 모임 실패를 경험해보지 않았다면 현재 운영하고 있는 독서 모임에서 내공을 발휘하지 못한 채 금방 사라졌을 것이다. 진짜 살아있는 지식은 경험에만 존재한다. 현장에만 존재한다.

살아있는 경험들을 축적으로 우리 부부는 더 많은 사람들의 인생을 바꿔 줄 수 있는 노하우와 역량을 갖추게 되었다. 책을 집필해서 더 많은 지식과 지혜를 나눌 수 있게 되었다. 경험의 축적은 인생의 가속도를 최대치로 끌어올린다. 실행해 본 사람은 모두 안다. 그 길을 아는 것과 그 길을 걷는 것이 완전히 다른 길임을 말이다.

실행 스위치를 Turn on!

독서 모임에 오시는 분들 중 과거에 내가 얼마나 잘 나갔는지 알려주기 위해 일장 연설을 늘어놓는 분들이 종종 있다. 몇 십 년은 거슬러 올라가 감정적 추억에 빠져들어 과거를 회상한다. 과거를 이야기하시는 분들치고 치열하게 살아오지 않으신 분은 없었다. 그런데 중요한 것은 그 열정의 스위치가 어느 순간 꺼진다는 것이다. 꺼진 스위치는 더 이상 불이 들어오지 않는다. 그때부터는 스위치가 켜져 있던 순간들만 그리워할 뿐이다. 자신이 느끼기에 행동보다 말이 많아진 것 같다면 실행 스위치가 꺼져있는지 점검해야 한다.

실행 스위치가 꺼져있으면 나를 점점 뚱뚱하게 만든다. 핑곗거리를 꾸역꾸역 먹는 것이다. 나이가 많다, 할 일이 많다, 가정형편이 안 된다, 여유가 없다 등 핑곗거리는 먹으면 먹을수록 또다시 눈앞에 나타나는 특징을 지닌다.

그뿐만 아니다. 당위성을 먹으며 내 생각들을 부패시킨다. 시간은 많으니 천천히 해도 괜찮다는 당위성, 내가 아니더라도 누군가 해줄 거라는 안일한 당위성, 이번 한 번쯤은 미뤄도 괜찮을 거라는 게으른 당위성들을 열심히 먹고 있다. 뚱뚱한 애벌레가 되는 건 순식간이다. 단 몇 개의 핑곗거리들과 당위성만 찾아낸다면 말이다. 거울에 비친 나의 내면 상태는 뚱뚱한가? 날씬한가? 다시 실행모드 스위치에 불을 켜야 한다.

반갑게도 스위치는 단번에 켤 수 있다. 그러나 스위치를 켠다고 다 되는 것이 아니다. 그 불빛이 꺼지지 않게 유지하는 것이 훨씬 더 중요하다.

묻고 싶은 질문이 있다.

"앞으로 10년 안에 이루고 싶은 일 중 가장 하고 싶은 것은 무엇인가?"

"얼마의 기간이 있으면 완수할 수 있는가? 5년? 7년?"

똑같은 질문을 팀 페리스가 했다. 타이탄(세상에서 가장 부유하고 건강하고 지혜롭게 성공한 거인들)이 말했다.

"만일 당신이 무엇인가에 도달하는 데 10년이 걸리는 계획을 갖고 있다면, 당신은 다음의 질문을 스스로 던져야 한다.
"아니, 왜 이걸 6개월 안에 해낼 수 없는 거지?"
- 《타이탄의 도구들》, 12쪽, 팀 페리스, 토네이도, 2017

보통 책 한 권을 완성하는 데 얼마의 기간이 필요할 것 같은가? 첫 책은 6개월이 걸렸다. 두 번째 책은 한 달하고 열흘이 걸렸다. 세 번째 책은 단 2주 만에 집필이 완료되었다. 놀라운가? '책 쓰는 것은 오랜 기간이 필요해'라고 말하는 뚱뚱한 애벌레의 당위성을 바꿨을 뿐이다. 책은 오래 쓰는 것이 중요한 것이 아니라 잘 쓰는 것이 중요하다. 나는 '미루기'와 '미리 하기' 중 후자와 친구가 되었을 뿐이다.

나는 토론과 비판만을 좋아하는 공상가가 아니다. 직접 부딪혀보고 실력을 쌓아가는 실행가다. 뚱뚱한 애벌레가 되는 것을 경계한다. 부자에 관한 책들 중에서 행동하지 말라고 이야기 한 책은 단 한 권도 없었다. 심지어 기회가 오면 가장 먼저 재빠르게 뛰어들어 기회를 잡으라고 말한다. 수영을 지식만으로 배울 수 없듯 행동이 수반되지 않는 지식은 죽은 지식이다. 반쪽짜리 어설픈 이론의 지식인이 좋은가? 행동하면서 성과를 이뤄가는 실행가가 좋은가?

  회사 고객분 중 한 분이 질문을 했다. "저는 아직 저자가 될 만큼 이 분야 전문가가 아닌데 얼마나 더 공부하고 시간이 지나야 전문가다운 책을 쓸 수 있을까요? 천 권쯤 읽고, 써야 그나마 좋은 책이 나오겠죠? 책을 써서 전문가가 되는 것일까? 전문가가 되어서 책을 쓰는 것일까? 어느 쪽이든 맞다. 다만 시간이 지날수록 인풋만 하는 사람보다 가르치며 성장하는 사람이 압도적으로 뛰어난 역량을 지니게 될 것은 분명하다.

  실행 스위치를 유지시키려면 행동할 수밖에 없는 트리거 장치를 만들어 두는 것이 중요하다. 어떤 트리거를 사용할 수 있을까? 먼저 어떤 것을 도전할 때 스스로 최대한 짧은 데드라인을 정해두어야 한다. 그리고 꼭 그것을 이루어야만 하는 이유를 찾아낸 후 되도록 자신과의 약속을 지키기 위해 그 일을 최우선순위에 두어야 한다. 세상에서 가장 신용도가 높은 사람은 자신과의 약속을 반드시 지켜내는 사람이다. 미루는 사람, 미리 하는 사람, 선택은 내 손에 달렸다.

스스로 증명해 본 기회를 행운으로 바꾸는 법

16배의 기적! 가속도의 법칙

••••

행동이 빠른 것을 좋아하는 사람이 있는 반면 여유롭게 행동하는 것을 좋아하는 사람도 있다. 나는 인생이 길다고 생각하지 않기 때문에 여유를 즐기는 대신 빠른 변화를 더 좋아한다. 어떤 사람은 행동을 빨리 하면 실수가 잦다고 말한다. 하지만 너무 느려서 타이밍을 놓치는 것보다는 빠른 실행이 더 낫다. 여유를 부리다 기회를 놓치는 것과 행동하다가 실수를 하는 것은 완전히 다른 문제다.

나는 빠른 실행이야말로 지금 시대에 가장 필요한 능력이라고 생각한다. 바다에서 유속이 바뀔 때 급물살로 변한다. 세상이 급속한 변화구 때문에 급물살을 타고 있다. 이때 재빠르게 실행하거나 변화하지 않으면 순식간에 물살에 쓸려 떠내려간다. 세상이 변화되고 있는 시점에 재빠르게 나를 변화시키는 사람은 어떤 환경에서도 적응 능력이 충분할 것이다.

우리에게 주어진 시간은 유한하다. 그리고 성공으로 가는 길에는 지름길이 없다. 그래서 우리는 여유 부리며 갈 수 없다. 자본주의 시장에서 건전한 경쟁은 필수적이며, 돈은 기회를 잡은 자에게 오는 것이다. 성공하고 싶다면 인생의 방향과 속도를 결정해야만 한다. 돈을 버는 사람들은 적당한 속도로 달리는 사람이 아니다. 전속력으로 질주해야 할 때 시속 200km로 달릴 수 있는 사람들이다.

빠른 실행을 하는 사람들은 어떤 특징이 있을까? 인생 가속도가 빠른 사람들은 망설임이 없다. 인생은 '모 아니면 도'라는 마음으로 전진한다. 아무 생각 없이 전진만 하는 것은 아니다. 인생에 급한 일과 중요한 일이 있다. 빠른 실행을 해내는 사람은 급한 일 대신 중요한 일을 선택하는 사람이다. 중요한 일을 손에 넣으면 절대 놓치지 않고 목표를 향해 집요하게 달려간다. 원하는 결과에 도달할 때까지 쉬지 않고 실행해 나간다. 그 덕분에 인생 가속도가 빠른 사람들은 원하는 것도 얻고 매년 새로운 모습으로 업그레이드 된다. 즉 볼 때마다 새로운 사람이 되는 것이다.

또한, 빠른 실행을 하는 사람들은 일상을 낭비하지 않는다. 일상의 여유 대신 자신의 욕구에 집중한다. 욕구는 또 다른 실행을 부른다. 가속도가 붙으면 뒤도 돌아보지 않고 오로지 결과만을 향해 돌진한다. 덕분에 가장 좋은 것을 가장 빨리 얻을 수 있다.

나는 첫 사업을 시작하고 매년 다른 목표를 설정해 달려왔다. 남편과 내가 이룬 목표들을 몇 가지 공유한다.

- 독서모임 370회 이상 진행 중
- 교육 사업 매출 16배 확장
- 파이프라인 다섯 가지 세팅 완료 및 확장 중
- 3천만 원 전세살이에서 53평 자가 거주 중
- 부부 베스트셀러 저서 여섯 권 출간
- 매년 돈 버는 능력을 키운 행동력 코치 50여 명 이상씩 배출 중
- 운영 중인 독서모임 출신 저자 20여명 배출

수치화된 목표는 위와 같지만 수치화되지 않은 것까지 합하면 더 많은 것을 이루고 있는 중이다. 지금 이 글을 쓰고 있는 노트북이 놓인 책상 벽면에도 이뤄야 할 목표들이 빼곡히 벽에 붙어 있다.

빠른 실행의 목적과 목표

‥‥

나는 철저한 실행주의자다. 지금과 같은 모든 기회의 문이 열린 세상에서 빠른 실행으로 기회를 잡는 사람이 진정한 능력자다. 과

거에 기회가 더 많이 존재했다고 말하는 사람들도 있다. 하지만 나는 지금이 훨씬 더 많은 기회를 내포하고 있다고 생각한다. 과거에도 그랬고, 지금도 그랬고 기회를 붙잡는 사람은 실행하는 사람이라는 사실에 변함이 없다.

사람마다 가치관과 사고방식이 다르기 때문에 여유를 즐기는 것에 관심을 많이 두는 사람이 있고, 나처럼 빠른 실행으로 목표를 향해 전진해 나가는 것을 더 좋아하는 사람이 있다. 누가 정답이라고는 말할 수 없다. 여유를 즐기는 중에도 기회는 찾을 수 있을 것이다. 하지만 나는 기회를 잡는 사람 우위에 기회를 선점하는 사람이 있다고 믿는다. 선점한다는 것은 내가 가진 기회의 영역을 유일한 영역으로 만들 수 있다는 말이다. 구글, 아마존은 기회를 잡은 것 이상으로 선점의 영역에 놓인 기업들이다. 제대로 된 빠른 실행의 목표는 선점하는 것이다.

선점의 영역까지 가려면 페이스 조절이 중요하다. 완만한 곳과 가파른 곳을 이동하는 속도는 다르다. 인생은 마라톤이므로 속도 조절 능력이 필수다.

나만의 속도로 꾸준히 달려갈 수 있는 방법은 무엇일까?

가장 중요한 것은 세상의 페이스가 아닌 나만의 속력을 익히는 것이다. 내가 50㎞의 속력 유지가 가능하다면 다음에는 55㎞의 속력으로 높여본다. 다음은 60㎞로 높여본다. 조금씩 나만의 속력을 높이다 보면 인생 최대치 속력에 다다르는 시간이 더 빨라진다. 이때 세상의 기준에 속지 않아야 한다.

세상은 트렌드라는 말로 기준을 내세운다. 하지만 빠르게 실행해 나가는 사람은 트렌드에 물들지 않는다. 오로지 나만의 페이스대로 밟아나간다. 인생의 가속도를 잘 유지해 나가는 사람들은 결정도 빠르다. 그래서 남이 만들어 놓은 페이스에 휘말리지 않는 것이다.

마지막으로 인생 가속도를 높일 때 나의 실력도 함께 갖춰 나가야 한다. 인생에서 언덕을 마주했을 때는 온 힘을 다해 오를 수 있어야 한다. 이때 기본실력이 없으면 끝까지 올라갈 여유가 없다. 그래서 빠른 실행을 하는 사람들은 평소 자신의 실력을 고정시켜 두지 않고 지속 성장시킨다. 고정 마인드 셋에서 탈피해 성장 마인드 셋을 갖춘 사람이 진정한 빠른 실행가다. 지금도 많은 사람이 자신의 속도대로 달리고 있다.

어떤 사람은 20㎞로 달리며 주위의 변화에 관심을 가진다. 어떤 사람들은 80㎞로 달리며 자신의 속도를 즐긴다. 어떤 사람들은 150㎞ 이상으로 달리며 기회를 잡고 선점한다. 이 세 부류의 사람 중 자본주의 인생 게임을 가장 잘 이해하고 있는 사람은 누구일까? 아무도 자신의 속도를 바꾸라고 채찍질하지 않는다. 인생을 달리는 속도는 오직 나만이 정할 수 있다. 주머니 사정이 변변치 않다면 지금 전속력을 다해 달릴 준비를 해야 한다. 가벼운 주머니에 무한한 기회들을 채워 넣어야 한다.

책 3,000권 읽고 깨달은 성공 독서의 비밀

당신의 서재에는 무엇이 꽂혀 있는가?

․․․․

예전에는 내 눈에 절대 들어오지 않았을 한 곳이 있다. 요즘은 어딜 가든 이곳만 먼저 찾아보게 된다. 이곳에 채워진 제목들을 읽으면 그 사람의 관심사나 취향, 생각을 간접적으로 느낄 수 있게 된다. 이곳은 어디일까? 서재다.

'환경의 법칙'이란 것이 존재한다. 내가 원하는 성장 환경에 나 스스로를 몰아넣을수록 의도적 성장이 일어난다는 법칙이다. 서재는 나라는 존재를 보여주는 지도다. 세상은 서재에 숨어 있는 지식과 지혜를 갖추고 실행하는 사람들에 의해 지배된다. 누구든 성공하고자 한다면 독서 습관을 가져 나의 서재에 꽂힌 책들이 인테리어 역할로 끝내지 않고, 나의 지적 실력을 높여주는 장치로 활용할 줄 알아야 한다.

그토록 독서가 중요하다는 사실을 알면서도 독서를 실행하는 사람은 적다. 그러나 독서의 진정한 묘미를 모르고서는 성공의 사다리에 오를 수 없다. 독서는 나의 좁은 시야와 세상을 한 차원 높은 곳으로 견인한다. 독서는 내가 원하는 성공의 꼭짓점에 도달하게 하는 원동력이다. 나의 가치가 현재 바닥에 있든지, 하늘에 떠있든지 성공요소를 끄집어내도록 돕고 삶을 채운다. 다독을 무시할 수 없는 이유다.

다독의 양은 당신의 가치를 높이는 것과 비례한다. 수치는 속임이 없다. 때론 수치가 전부일 수 있다. 오히려 꾸준하고 치열하게 읽어 내려간 당신의 독서량은 내공의 돌을 닦는 반전의 시간이 될 것이다. 인생 반전이라니 얼마나 짜릿한 이야기인가. 독서의 최대 반전은 양이 질로 바뀌는 순간이다. 성공이 눈에 보이지 않을수록 양적 독서가 질적 독서로 변할 때까지 치열하게 독서의 돌다리를 두드려야 한다.

33 키워드 독서와 아웃풋

••••

꿈을 이루기 위해 목표 설정이 중요하다고 말한다. 독서에도 목표가 있어야 하지 않을까? 나의 독서 목표는 지식을 채우는 것이 아니다. 책을 읽는 것보다 중요한 것은 책에 있는 내용을 실천해서 현재 내 문제를 해결하고 탁월한 결과를 이끌어내는 것이다. 책을 아는 것보다 책을 '써먹는 것'이 훨씬 더 중요하다. 인생의 거대한 문제들이 갑자기 들이닥쳐서 나약해질 때마다 나는 책을 펼쳤다. 약 3,000권 가까이 되는 책들을 읽으며 독서로 문제를 해결하기까지 나만의 독서 노하우가 만들어졌다.

그중 하나가 '키워드 독서'다. 인생의 많은 문제는 대부분 배움으로 해결할 수 있다. 배우는 것에서 특히 중요하게 여겨야 할 것은 기초를 탄탄히 다지는 것이다. 나는 기초를 채우는 기준을 33권으로 정했다. 내가 기초를 쌓고 싶은 분야의 키워드를 한 가지 정해 쉬운 책이든, 어려운 책이든 가리지 않고 33권 내외를 읽어보는 것이다. 33권 정도 같은 분야 책을 읽다 보면 기초지식의 임계점을 뛰어넘는다. 임계점을 넘으면 기초지식이 쌓여 생각의 그물망에 걸리고 그것을 내 삶으로 끌어들일 수 있다. 내 삶에 하나씩 적용해서 삶을 바꾸어 내면 되는 것이다.

같은 분야의 책 30여 권 읽어 내려가는 동안 나에게는 그 분야 지식의 패턴이 쌓인다. 다시 말해 문제를 해결해 낼 수 있는 방향이 보이고 그것을 선택하고 실행하는 능력까지 배양되는 것이다. 지금 나의 문제를 해결해 줄 단 하나의 키워드는 무엇인가? 먼저 키워드를 찾는 것부터 접근해보자.

다음에서 소개하는 33권은 내가 돈 버는 능력을 10배 키울 때 도움을 준 책들이다.

- 놓치고 싶지 않은 나의 꿈, 나의 인생 / 나폴레온 힐

- 백만장자 시크릿 / 하브에커
- 제로 투 원 / 피터 틸
- 타이탄의 도구들 / 팀 페리스
- 바빌론 부자들의 돈 버는 지혜 / 조지 S. 클래이슨
- 사업의 철학 / 마이클 거버
- 취향을 설계하는 곳 츠타야 / 마스타 무네아키
- 핑크펭귄 / 빌 비숍
- 꽂히는 글쓰기 / 조 비테일
- 자기 암시 / 에밀 쿠에
- 더 딥 / 세스 고딘
- 부자가 되는 과학적 방법 / 월러스 워틀스
- 부의 인문학 / 브라운 스톤
- 나는 왜 이일을 하는가 / 사이먼 사이넥
- 비상식적 성공법칙 / 간다 마사노리
- 캐시버타이징 / 드류 에릭 휘트먼
- 퓨처 셀프 / 벤자민 하디
- 인간관계론 / 데일 카네기
- 스토리 설계자 / 짐 에드워즈
- 부의 기본기 / 피니어스 테일러 바넘
- 소식주의자 / 미즈노 남보쿠
- 무기가 되는 시스템 / 도널드 밀러
- 마케팅이다 / 세스 고딘

- 원씽 / 게리 켈러
- 누구에게나 최고의 하루가 있다. / 조 지라드
- 퍼스널 브랜딩 책쓰기 / 조영석
- 비즈니스 경쟁에서 승리하는 법 / 마크 큐반
- 돈과 인생의 비밀 / 혼다 켄
- 세상을 보는 지혜 / 발타자르 그라시안
- 백만장자 메신저 / 브랜든 버처드

10배 앞서는 아이디어 실행 목록 만들기

••••

다음 노하우는 아이디어 실행법이다. 아이디어 실행은 책이 책으로 남게 하지 않기 위해 활용하는 방식이다. 아무리 좋은 양서도 써먹지 않으면 글자가 적힌 종이에 불과하다. 그 책을 살아있게 만드는 방법은 실행해보는 것이다. 독서의 목표는 읽기가 아니다. 실행이다.

실행으로 이어지게 돕는 것이 아이디어다. 나는 독서할 때 항상 옆에 종이 한 장을 두고 읽는다. 바로 아이디어 노트로 책을 읽으며 삐져나오는 생각의 파편들을 모아두는 역할을 한다. 아이디어 노트에는 세상을 바꿀만한 거대한 아이디어가 적히는 것이 아니다. 오늘 하루 내 삶을 바꿀만한 작은 아이디어들이 차곡차곡 쌓여 간다. 아이디어가 꼭 거창할 필요는 없다. 내 삶을 개선해나가는 것만큼 위대한 일이 있을까? 내가 즉시 실천할 수 있는 가장 작은 아이디어들부터 적으면 된다. 나는 주로 다음과 같은 아이디어들을 적는다.

- 매일 아침 기상 후 즉시 잠자리 정리하기 (작은 성공습관 만들기)
- 매년 11월에는 내년 연간계획 마인드맵 설정 후 완성하기
- 세 아이에게 매일 사랑한다고 표현하고 안아주기
- 기분이 다운 될 때 따뜻한 물에 반신욕 30분하기
- 일주일에 2~3번 목표 키워드로 만다라트 그려보기

내 생각 한 가지가 바뀌었어도, 내 행동이 하나 바뀌었어도 독서 성과다. 아이디어의 기준은 나로부터 비롯될 때 의미가 있는 것이다. 개인적 영역이든 업무 영역이든 꿈에 관련된 것이든 책을 한 권씩 읽을 때마다 내 인생을 바꿀 기적의 아이디어 한 장씩 차곡차곡 채워나가라. 내 삶이 10배 앞서는 것은 시간문제일 뿐이다.

성장과 편안함은 공존할 수 없다. 구태의연하지만 편안하고 싶은 마음이 발목을 잡을 때마다 목표를 기억해내자. 목표는 지금보다 돈 버는 능력을 10배 끌어올리는 것이다. 목표를 이루기 위해 목표에서 눈을 떼지 말아야 한다. 내가 100일 동안 읽어야 할 33권의 독서목록부터 작성해보자. 누구나 인생의 기적을 만드는 기적의 리스트 한 장쯤은 필요하지 않을까?

Action Note

영역: 타이탄의 핵심 성공 3요소 (부, 건강, 지혜) 분류 KPA : 핵심 아이디어
데드라인 : 아이디어 실행 마감일 적기 / 피드백 :진행중-사선 , 완료-엑스

Date : 2023 / 7 / 2

Page	Subject(도서명) : 타이탄의 도구들 영역 : (부)	데드라인	실행 피드백
12	매년 사업/ 개인 목표 및 연간 계획 마인드맵 그리기	7/10	☐
15	위즈덤 남다른 디테일 만들기 [매뉴얼 작업, 체크리스트, 문서화 시스템]	9/20	☐
24	매일 아침 기상 후 즉시 잠자리 정리하기 [작은 성공 습관 만들기]	매일	☐
36	오늘 있었던 감사한 일 3가지 기록하기 [감사노트 주 3회] 3개월간 작성	월,수,금	☐
94	질문 바꾸기 "왜 안돼지?" ---> "어떻게 할 수 있지?"	항상	☐
108	문제해결 능력 올리기 [보드게임] 시후, 서하와 일주일에 2번 보드게임 하기	월, 수	☐
154	10배 크게 생각하기 [목표 : 강남 더 위즈덤]	항상	☐
154	타이탄의 도구들에 나온 추천도서 읽어보기	12	☐
191	매일 한 줄이라도 글쓰기 [글쓰기 소재 꾸준히 수집하기] - 매 년 책 2권 출간	주 3회	☐
240	#0445 클럽 [미라클 모닝 : 4시 30분 기상 후 매일 독서하기]	매일	☐
294	온열요법 목욕 : 세로토닌 생성 [3일에 한번 반신욕 또는 족욕]	수, 토	☐
			☐
			☐
			☐
			☐
			☐
			☐
			☐
			☐
			☐
			☐
			☐
			☐
			☐
KPA			☐

© The Wisdom

Action Note

영역: 타이탄의 핵심 성공 3요소 (부, 건강, 지혜) 분류 KPA : 핵심 아이디어
데드라인 : 아이디어 실행 마감일 적기 / 피드백 :진행중-사선 , 완료-엑스

Date :

Page	Subject(도서명) : 　　　　　　　　　　영역 : (　　)	데드라인	실행 피드백
			☐
			☐
			☐
			☐
			☐
			☐
			☐
			☐
			☐
			☐
			☐
			☐
			☐
			☐
			☐
			☐
			☐
			☐
			☐
			☐
			☐
			☐
			☐
			☐
			☐
KPA			☐

© The Wisdom

6

Connection

10배의 부를 안겨줄 최적화 프로세스 / 슈퍼 사이클 3 : 영업력

●

나는 고객을 만들려고 소셜 미디어를 하는 것이 아니다.
내 영역을 지배하고 내 이름을 세일즈의 대명사로 만드는 일에
집착하기 때문에 소셜미디어를 한다.
- 그랜트 카돈

강렬하고 은밀하게
10배의 부를 부르는 매력자본의 힘

몇 명을 부를 수 있는가?

‥‥

아무리 사업을 10년 했다고 해도 여전히 챙겨야 할 것도 많고, 해야 할 일도 많다. 그래서 내가 가는 방향에 맞지 않는 영역이라고 생각되면 칼같이 차단하려 노력한다. 아무리 사소한 것들도 진정성 있게 노력하려 하지만 가끔 놓치고 실수하는 일이 생긴다. 하지만 내가 절대 실수해서는 안 된다고 생각하는 영역이 있다. 바로 내가 만나는 사람들의 이름을 혼동하거나 잊는 것이다. 사업을 하다 보면 새로운 인연을 정말 많이 만나게 된다. 예전에는 가족, 옆집 이웃, 기껏해야 친인척들 성함만 알면 되었지만, 지금은 사정이 다르다. 사업의 파이가 커지면서 온라인과 오프라인으로 만나는 인연이 점점 많아지다 보니 내가 기억해야 할 이름도 점점 많아진다.

특히 내가 운영하고 있는 독서 모임에 단 한 번이라도 오셨던 분들은 최대한 성함을 기억하려고 노력한다. 기본적으로 나와 2~3번 만났던 분들은 성함을 모두 머릿속에 저장해 둔다. 어느 날은 한 코치님께서 나에게 아이디어 제안을 했다.

"이사님, 독서 모임에 오시는 분들 성함을 잘 몰라서 그러는데 독서 모임 전용 명찰을 만들어 보면 어떨까요?" 그 제안을 받고 순간 머리가 띵 했다. 나는 이미 독서 모임에 참석하시는 모든 분들의 성함을 파악하고 있다 보니 당연히 다른 분들께서도 성함을 다 알고 있다고 착각한 나머지 명찰 같은 것들은 생각지도 못한 것이다. 제대로 메타 인지가 되는 질문이었다.

그때 알게 되었다. 한 사람의 이름을 기억하고 불러주는 것이 얼마나 중요한 일인지, 또 이름을 불러줌으로써 친근감과 호감을 느끼게 해준다는 것을 말이다. 데일 카네기의 《인간관계론》에서 나온 짐 팔리는 10살의 나이에 아버지를 여의고 생활고를 이겨내기 위해 끊임없이 노력한 덕분에 성공할 수 있었다고 한다. 사업으로 크게 성공한 그에게 한 기자가 성공 비결을 물었다.

"성공 비결이 무엇입니까?"

그가 대답했다.

"저는 5만 명의 이름을 부를 수 있습니다."

이뿐만 아니다. 하버드 비즈니스스쿨의 인기 교수인 잔 리브

칸 박사는 오랜 기간 만나온 수천 명의 제자들 이름을 모두 기억하고 있는 사람으로 유명하다. 굳이 외우지 않아도 되는 학생들의 이름을 그는 왜 다 기억하고 있는 것일까? 모든 제자가 나에게 소중한 존재라는 사실을 알려주기 위한 메시지를 전하고 싶은 것 아닐까?

한 사람의 이름을 기억한다는 것만으로도 상대는 무한한 호감과 매력, 심지어는 고마움까지 느낀다. 나도 오랜만에 만난 분의 이름을 기억해서 불러드리면 가끔씩 깜짝깜짝 놀라신다. '설마 나를 기억해 주시겠어?' 하는 의구심이 단번에 걷히다 보니 그다음부터는 어떤 말씀을 드려도 무한 신뢰감으로 받아들여지는 것을 온몸으로 느끼곤 한다.

가장 쉽고 빠르게 매력을 극대화하고 싶다면 상대의 이름뿐만 아니라 가족 사항, 좋아하는 것, 개인적 고민 같은 것들을 기억하고 있어야 한다. 5만 명의 이름도 외우는데 최소 100명 이상의 이름을 외워보는 것에 도전해 보면 어떤가? 여전히 나는 새로 만나는 인연의 이름과 기억사항들이 메모하고 또 보고 또 본다. 그와 다음에 또 만나게 될 것이라 확신하면서 말이다.

가장 매력적인 내가 되는 법

‥‥

매력이란 보이지 않고, 말로 설명하기도 어렵지만, 미묘하게 끌리는 느낌이다. 매력은 그 사람이 가진 가장 강력한 힘이자 무기가 된다. 매력을 극적으로 높이기 위해 해야 할 또 다른 하나는 바로 '모방을 멈추는 것'이다. 정보 과잉의 시대에 살고 있는 우리는 어떤 정보든 필요한 즉시 얻을 수 있고 또 활용해 볼 수 있다. 하지만 상대적으로 너무 많은 지식을 무제한적으로 접할 수 있다 보니 받아들이기만 할 뿐 그것을 진정 내 것으로 만들어 가며 진정한 나로 살아가는 힘은 약화되고 있다. 즉, 답안지가 많으니 굳이 혼자 생각할 필요가 없어진 것이다.

그런데 색은 섞이면 섞일수록 탁해진다. 하얀색은 하얀색인 그대로일 때가 가장 깨끗하다. 노란색은 노란색일 때 가장 밝게 빛난다. 검은색은 검은색일 때 가장 무게감이 느껴진다. 노란색이 파란색을 따라 하면 생각지도 못한 초록색이 된다. 검은색이 하얀색을 따라 하면 섞이면서 회색이 된다. 누군가를 따라 할수록 유일함이 사라지게 되면서 결국, 자신만의 고유한 매력도 빛을 잃는다. 매력은 그렇게 생기는 것이 아니다. 오히려 섞이지 않아서 더 매력적이라는 것을 알아야 한다.

진정한 매력은 나 스스로 내적인 힘이 가득해질 때 생기는 아우라다. 내면이 탄탄한 사람은 외적으로도 탄탄하다. 스스로를 지탱해내는 강력한 힘이 내면에 담겨 있기 때문이다. 이것을 다른 말로 '자기 확신'이라고 한다. 자기 확신이 가득 찬 사람들에게는 특별한 능력이 있다. 바로 '직관'과 '통찰'의 힘이 강력하다는 것이다. 이런 내면의 힘을 통해 자신만의 프레임으로 바라보는 세상에서 일어나는 일들을 나만의 방식으로 조용히 해결해

나간다. 아무리 무겁고 어려운 일들도 단단한 내면에서부터 오는 자신감과 직관력을 통해 끝내 해결해 내는 과정을 바라보다 보면 마치 평정심과 여유마저 느껴지는 듯하다.

이런 단단한 무게감은 다른 사람이 볼 때 충분히 매력적으로 느껴진다. 믿음직스럽고, 심지어는 내적 안정감마저 느껴지게 하는 이런 힘이야말로 모두가 갖고 싶은 매력 포인트일 것이다. 단단해지려면 따라 하기를 멈춰야 한다. 그리고 스스로에게 매일 질문을 던져야 한다.

'가장 닮고 싶은 사람은 누구인가?' 이 질문의 가장 우문현답은 언제 찾을 수 있을까? 엄지와 검지가 펴진 손가락의 방향이 나를 가리킬 수 있을 때 비로소 답이 찾아진 것이다. 나 스스로 가장 닮고 싶고 자랑스러운 사람이 되어라! 그것이야말로 엄청난 매력자본을 소유한 자가 되는 비결이다.

마지막으로 매력에 대해 가장 명료하게 표현한 제임스 배리 경의 메시지를 남긴다.

"매력만 있으면 다른 것은 필요 없다. 단, 매력이 없다면 다른 것은 소용없다."

큰 돈 버는 기회를 만드는 SNS 글쓰기 전략 프로세스

3일간 SNS에서 일어난 기적
••••

딩동! 스마트폰을 막 내려놓는 순간 문자 한 통이 왔다. 수신자 확인을 해 보니 내 폰에 등록된 번호가 아니었다. 문자 내용은 이랬다.

"블로그 보고 강의 등록하고 싶어서 문자 드렸습니다. 아직 강의 신청 가능한가요?" 문자 확인 후 감사한 마음으로 답변을 드렸다. "네, 그럼요. 아직 신청 가능합니다." 몇 가지 질문이 오가고 난 후 이번에는 입금 문자가 울렸다. 내 통장에 몇 백만원의 교육비가 입금되었다.

강의 홍보용 블로그를 작성하고 난 뒤 3일이 지나 일어난 일이었다. 이 블로그 글 한 편으로 나는 3일간 900만 원을 벌었다.

웬만한 월급을 가뿐히 뛰어넘는 금액을 단 3일 만에 벌게 된 것이다.

이 글 한 편을 완수해 내는데 필요한 시간은 총 6시간이었다. 여전히 그 글을 보고 강의를 의뢰하는 사람들이 많다. 사실 나는 지금까지 어떠한 블로그 활용법이나 글쓰기 강의를 들어본 적이 없기 때문에 블로그 글을 쓸 때 내가 직접 배우고 익힌 것을 기준으로 글을 쓰는 편이다. 중요한 것은 시간이 지날수록 SNS의 파도를 타고 입금되는 돈의 크기도 점점 더 커진다는 것이다.

SNS에 글을 쓰는 사람들은 많다. 하지만 그 글을 통해 수익화를 만들고 점점 파이를 키워가는 사람은 적다. 어떤 차이가 있는 것일까?

먼저 내 기준을 조금 나눠보려 한다. 나는 개인적으로 조회수에 집착하지 않는다. 블로그 글을 11년째 쓰고 있지만, 광고 수익이 발생한다는 애드포스트 역시 블로그를 시작한 지 9년 차가 되었을 때 만들어졌다. 여전히 내 글의 조회수는 폭발적이지 않다. 어느 때는 조회수가 거의 안 나오기까지 한다. 하지만 나는 단 하나의 조건은 반드시 지켰다. '내가 이 글을 누구에게 쓰고 있는가?'에 대한 기준만은 명확하게 정한 후 글을 썼다. 다시 말하면 조회수가 아닌 내 글을 반드시 읽어야 하는 사람을 정하는 것이 글의 기준이 되었다는 것이다.

그렇게 되면 흔히 말하는 어그로나 후킹 효과는 떨어지기 때문에 조회수가 폭발적으로 증가하지는 않는다. 하지만 내 도움이 필요한 사람에게 직접 전달될 확률이 높아진다. 바다로 따지면 수십만 종류의 물고기들이 모두 모여 있는 바닷속 물고기들 가운데 내가 반드시 잡고 싶은 상어 한 마리를 명중시키기 위한 낚시질을 한다는 말과 같다. 양궁으로 따지면 10점 만점짜리 과녁에 정확히 조준시키는 것이다. 10점짜리 과녁에 맞출 수만 있다면 나머지 과녁은 그리 중요하지 않다.

내가 글을 쓰는 방식은 언제나 그것이 기준이었다. 덕분에 명중된 고객에게 즉시 전달되어 반응을 일으킬 수 있었던 것이다. 하지만 보통 글을 쓸 때 수익화를 하지 못하는 사람들의 글에는 그 글을 읽는 사람들이 무언가를 반응하게 할 한 방이 없다. 즉 공감 포인트나 문제 해결에 대한 답이 부재한다는 것이다. 1점짜리 과녁에만 꽂히는 힘없는 글과 10점짜리 과녁에 명중되는 에너지 가득한 글은 도대체 어떤 차이가 있는 것일까?

10배 수익화의 파도를 만드는 글쓰기 전략

....

글은 그 사람의 생각을 가시화한 분신과 같다. 보통 글을 잘 쓰는 사람이 대화도 명료하게 잘한다. 아무리 온라인상이라고 해도 글을 쓸 때 역시 대화 모드가 되어야 한다. 일방적으로 대화를 나눌 때 자기 이야기만 실컷 하는 사람을 떠올려보라. 대화하고 싶은가? 글도 마찬가지다. 일방적으로 하고 싶은 말을 하는 글이 아니라 읽는 사람의 마음을 헤아리며 대화하듯 작성하는 것을 기준으로 삼으면 글의 형태와 느낌이 완전히 달라진다.

무엇보다 가장 중요한 포인트는 그 글이 읽고 싶은 주제인가 먼저 살펴봐야 한다. 심리학 용어 중 단 3초 안에 그 사람의 외적인 모습을 보고 호감 여부를 결정한다고 하는 '초두 효과'라는 말이 있다. 즉 첫인상이 어떤가에 따라 단 3초 안에 그 사람에 관한 판단이 지어진다는 것이다. 글에서도 초두 효과가 발생한다. 제목이 어떻게 쓰여 있느냐에 따라 단 3초 안에 그 글을 읽을지 읽지 말지가 판가름 된다. 주제를 다른 말로 헤드라인이라고 하기도 하고 유튜브에서는 썸네일이라고 하기도 한다.

이 헤드라인을 쓰는 실력이 바로 '카피라이팅' 능력이다. 너무 중요해서 몇 번이나 재독했던 《스토리 설계자》의 저자 짐 에드워즈는 자신에게 큰돈을 벌어다 준 것은 바로 '카피라이팅 능력'이었다고 말한다. 심지어 카피라이팅 능력에 따라 한 회사의 운명이 좌우된다고 한다. 카피라이팅 능력이 얼마나 중요한지 잠시 그의 말을 빌려보자.

> "돈을 더 벌고 싶으면 좋은 세일즈 카피를 쓰는 게 핵심이다." 트래픽을 더 많이 유도하는 일과는 상관이 없었다. 내가 웹상에서 얼마나 설득력 있는 구매 유도 메시지를 쓸 줄 아느냐가 전부였다."
>
> 〈스토리 설계자 15p〉

이 책을 읽기 전부터 나는 장사가 잘 되는 곳의 특징과 문구를 지속적으로 수집해 왔었다. 그것을 대표하는 곳이 '이케아'다. 이케아의 문구들은 하나같이 고객의 마음을 훔친다. 나름의 마케팅 능력을 수년간 키워 온 나도 인정하는 곳이니 여유가 된다면 이케아의 쇼룸도 보고, 숨은 마케팅 문구들도 읽어보라. 나도 모르는 새 사고 싶은 이케아 제품을 구매하고 있는 나를 발견하게 될지도 모른다.

카피라이팅 문구를 잘 쓰기 위해 해야 할 첫 번째 훈련은 끌리는 카피라이팅 제목이나 헤드라인을 수집하거나 필사해 보는 것이다. 현재 내 스마트폰에는 500여 개가 넘는 카피라이팅 문구들이 살아 숨 쉬고 있다. 물론 활용도도 만점이다. 틈틈이 여유가 될 때는 수집해 놓은 카피라이팅 문구들을 내 사업에 맞게 재구성해보는 훈련도 한다. 카피라이팅 능력은 가장 빠르게 수익성 글쓰기 능력을 키우는 데 압도적 도움이 될 것이다. 실제도 나도 그렇게 실력을 키웠다.

두 번째 전략은 생생하게 살아있는 글을 쓰는 것이다. 글은 살아있어서 읽는 사람의 마음을 관통해야 한다. 한 사람의 마음이라도 얻을 수 있다면 비로소 그 글의 생명력이 살아 숨 쉬고 있다는 증거다. 홈쇼핑에 나오는 쇼호스트들의 멘트들을 보면 무엇이든 사고 싶게 만드는 마력을 지닌 듯 어느 순간 구매 전화를 누르고 있는 나를 발견하게 된다. 어느 날은 내가 어떤 포인트에 끌려서 구매하게 되는가? 진지하게 되돌아봤다. 포인트는 '상상'이었다. 침이 꼴깍 넘어갈 정도로 먹고 싶게 만드는 간장 게장 맛 표현, '저 옷을 입고 나가면 내가 우아한 명품녀가 될 것 같아' 하고 상상하게 만드는 옷 소개, 우리 집 거실에 저 제품이 있으면 나도 편할 것 같아! 100% 동의하게 만드는 설득력까지, 쇼호스트들의 말 속에서 나를 움직이게 만든 힘은 제품의 특징이 아닌 엄청난 상상력이었다. 즉 '무엇'이 아니라 '왜'가 납득되다 보니 반드시 사야만 한다는 감정에 이끌려 충동 구매를 한 것이다. 물론 그때 구매한 것들은 매우 유용하게 활용하고 있지만 중요한 것은 계획에 없던 것을 구매하게 만들었다는 것이다.

이것이 바로 '상상의 힘'이다.

‥‥

사람은 이성이 아닌 감정에 따라 선택 여부가 결정된다. 따라서 메마르고 딱딱한 설명서 같은 글보다 감정과 마음을 움직일 수 있는 이미지 시상화의 글에 더 끌리기 마련이다. 수익을 창출하는 사람들의 글에는 글을 읽는 사람들의 머릿속에서 마음껏 상상할 수 있는 힌트가 마구 들어있다. 상상을 함으로써 내가 이 글의 주인공이 되도록 만들어 주는 것이다. 결국, 상상의 종착점은 '구매 버튼'이다.

다음 '치약'으로 작성된 두 개의 글을 비교해보라. 어떤 글이 구매를 부르는가?

제품 소개 A

- ○○제약 제품
- 무게 850g
- 불소 함유
- 거품 풍부, 치아 미백 관리
- 임산부 사용 가능

제품 소개 B

입덧할 때는 치약 향기만
맡아도 구토가 나올 것 같죠?

입덧 할 때 구토 안나오는
유일한 치약!
OO로 써 보세요.

산부인과 의사들도 인정한
임산부 전용 치약 1위!
OO치약으로 입덧 없이 건강하게 양치하세요.

치약의 모든 성분은 엄마와 아기를 위해
100% 천연으로 만들어졌습니다.

어떤가? 내가 임산부이거나 임신한 아내가 있다면 어떤 치약을 사야겠는가?

이것이 바로 내가 말하는 수익화 되는 글의 예시다. 누구든 조금의 훈련만 있으면 글쓰기 실력만으로도 큰돈을 벌 수 있는 기회를 창출할 수 있다. 개인적으로 카피라이팅이나 글쓰기를 훈련하고 싶다면 소피노자 추천도서 33권 중《스토리 설계자, 꽂히는 글쓰기》를 먼저 읽어 보면 도움이 된다. 자! 이제 스스로에게 묻자. 나는 어떤 사람들에게 어떤 메시지를 전달해서 가치를 창출하고 싶은가? 그리고 그들을 위해 즉시 상상력을 끌어올리는 글을 쓰기 시작하라.

10배 큰 부를 벌어 본 부자들만 아는 '가시화'의 힘

보이는 것이 곧 믿는 것이다.

> 믿음은 바라는 것들의 실상이요,
> 보이지 않는 것들의 증거니

-히브리서 11장 1절

그렇다. 우리는 모두 보이는 사실 그대로를 믿는 것이 아니라 바라는 대로 믿는다. 종종 보고 들은 것을 진짜인 것처럼 믿는 오류를 낳기도 한다. 그래서 생기는 것이 가짜뉴스 아닌가. 사람들은 뉴스에서 나오는 내용들이 사실인지 아닌지 검증해보지도 않은 채 내가 보고 들은 대로 믿는다. 이것이 바로 '선택적 지각' 효과다. 보고 싶은 것만 보고 보기 싫고 믿기 싫은 것은 회피하려는 두뇌의 성향 때문이다. 우리 두뇌가 이렇게 오류적 인식 체계를 갖게 된 것은 인간의 생존 본능 때문이다.

너무나도 복잡한 세상을 모두 이해하고 알아가기엔 두뇌의 피로도가 극심해져 온갖 스트레스를 받으며 살아야 할 것이다. 선택적 지각은 일종의 안전하고 건강한 생존을 위한 두뇌의 최적화 시스템 중 하나다.

사람들은 항상 바쁘다. 시간과 기회가 한정되어 있기 때문에 그 한정된 기회 속에서 최선을 다해 자신이 바라는 믿음을 향해 나아간다. 그래서 사람들은 자신에게 보이는 것, 들리는 것을 중심으로 자신만의 1등을 선별한다. 어떤 한 분야에서 진짜 검증된 1위 제품보다 옆집 지인이 추천한 제품이 더 신뢰 가고 좋아 보이는 이유이기도 하다. 이것을 뒤집어서 사람들이 보이는 것, 들리는 것만을 주로 믿는다면 다음 두 가지를 활용해 보는 것은 어떨까? 바로 보이는 것, 들리는 것을 가시화해서 믿음의 영역으로 활용해 보는 것이다. 무슨 말일까?

첫째는 '추천' 또는 '후기'를 가시화 하는 것이다.

가장 빠르게 신뢰를 얻을 수 있는 방법은 무엇보다도 추천이 압도적이다. 바로 입소문 전략이다. 입소문을 타면 내가 굳이 광고하지 않아도 나에 대한 신뢰도와 호기심이 날개를 달고 전달된다. 기본적으로 사람들은 돈을 지불하기 전 '과연 이 돈을 내가 적절하게 사용하고 있는 것인가?'에 대한 질문을 던지며 의구심을 품는다.

그 의심의 고리를 가장 빠르게 해소시켜 주는 것이 입소문 전략이다. 모든 사업체에서 '후기'를 가장 중요하게 여기는 이유다.

사람들의 마음 문으로 들어갈 때 진정성 있고 솔직한 후기는 안전한 징검다리가 되어준다. 그러니 큰 부를 이루고 싶다면 나만의 후기를 쌓아 가시화해야 한다. 내가 어렸을 때부터 지금까지 받았던 상장도 좋다. 도전했던 이력이나 상장도 좋다. 또 무언가 고객을 만족시켜주는 일이 있었다면 만족한 고객으로부터 받은 찐 후기도 좋다. 진실하게 작성된 소중한 후기들을 꾸준히 쌓으며 가시화해보라. 그 어떤 마케팅 효과보다 도움 될 것이다.

우리 연구소에는 공간이 두 곳으로 나뉘어 있는데 한 곳은 메인 강연장이고 다른 한 곳은 상담과 업무가 진행되는 사무실이다. 상담하기 위해 들어오는 입구에는 우리 부부가 함께 성장해 온 히스토리가 담긴 수료증과 상장들이 근사하게 진열되어 있다. 그 반대편에는 연구소에서 코칭을 받은 코치님들께서 진심을 담아 정성스레 작성해 주신 후기 모음집이 있다. 누구든, 언제든 볼 수 있다. 그리고 나는 이미 알고 있다. 연구소 문을 들어오는 순간부터 가시화된 상장들과 수료증들을 보는 것만으로도 이미 반쯤 신뢰감을 얻게 된다는 것을!

두 번째는 나만의 유일한 '스토리'를 가시화해야 한다.

한 사람이 지니는 스토리의 힘은 강력하다. 그 자체만으로 위로와 공감, 용기를 얻게 한다. 나 역시 이 책 전반부에 내가 경험했던 스토리를 적어두었다. 스토리야 말로 사람들의 마음을 빨아들이는 강력한 진공청소기다. 먼저 경험한 실패담이나 성장통 같은 리얼한 스토리들을 나누는 것만으로도 뒤따라오는 사람들에게 희망의 불씨가 된다. 우리는 내가 걸어가고 싶은 길을 먼저 경험해 본 사람들을 찾아 롤모델, 또는 멘토라 부른다. 내가 꿈꾸는 인생의 롤모델이 늘어갈 때마다 인생의 만족도도 함께 커진다.

끌어당김이란 결국 이런 효과가 아닐까? 내 스토리를 하나둘씩 쌓아 나가다 보면 내 길을 따라 걷고 싶은 사람들이 끌어 당겨지게 마련이다. 그러니 작고 사소한 스토리라도 꾸준히 기록하고 가시화해야 한다. 나는 내 스토리가 담긴 책이나 글을 읽고 감동을 받았다는 연락을 받거나, 행동해야겠다는 생각이 들어 용기 내어 도전하게 되었다는 후기들을 볼 때마다 짜릿함이 밀려온다. 나를 통해 성장해 나간 코치님들 역시 스토리를 기록하며 다른 사람들의 길을 열어주는 길라잡이가 되어주고 있다.

'내 일상은 매일 똑같은데 이걸 기록한다고 도움이 될까?'라는 생각이 드는가? 그렇다면 다시 질문을 바꿔보자. '내일도 똑같은 일상이 되지 않으려면 어떤 새로운 스토리를 만들어 볼까?' 다른 사람들을 위해 길을 열어주는 스토리가 곧 나를 위한 스토리다. 사람들은 보이고 들리는 것들을 믿는 존재라는 사실을 잊지 말자.

세일즈 능력과 관계 우선의 과학적 방법

탁월한 세일즈 맨들의 2가지 치트키

••••

지금은 누구에게나 부의 길이 활짝 열린 세상이다. 마치 돈이 마구 쏟아지는 블랙홀이 잠시 열린 것처럼 누구도 예외 없이 블랙홀에서 흘러나오는 부의 주인이 될 수 있는 세상이다. 하지만 아이러니하게도 이것은 모두에게 해당하는 이야기가 아니다. 특별한 능력 두 가지를 갖춘 사람만이 블랙홀 속에서 쏟아져 나오는 부의 주인이 될 수 있다. 그야말로 무제한의 부를 이끌어 낼 자격이 갖추어진 상태라고 할 수 있다. 압도적 부의 주인으로 만들어 줄 두 가지 능력은 무엇일까?

첫째는 바로 '자기 세일즈 능력'이다. 내가 말하는 자기 세일즈 능력이란 자기 자신이 어떤 사람인지를 사람들이 단번에 알아볼 수 있게 만드는 능력뿐만 아니라 너무나 유일해 보여서 반드시 만나고 싶고, 배우고 싶고, 나아가서는 그 사람이 아니면 안 된다는 팬덤을 만들 수 있는 능력을 말한다.

'커피는 스타벅스 아니면 안 된다.'
'햄버거는 맥도날드 아니면 안 된다.'
'가구는 이케아 아니면 안 된다.'

이런 명확한 우선순위 안에 내 이름이 올라가 있어야 한다. '세일즈는 강환규가 아니면 안 된다.' '부의 멘토는 박서윤이 아니면 안 된다.' 같은 나만의 특별함이 너무나 독특하게 도드라져서 나 이외에는 누구도 떠오르지 않는 대체 불가능한 존재로서 사람들의 마음속에 저장되어 있는 것! 그것이 바로 자기 세일즈의 프로페셔널한 자세다.

두 번째는 바로 '사람들의 행동을 촉발할 수 있는 능력'이다. 나는 평소에 말보다 행동으로 증명하는 것을 더 좋아한다. 덕분에 만나는 사람들에게도 행동으로 증명해 줄 것을 적극 요구하는 편이다. 문제는 바로 그때부터다. 행동해야 한다고 말하면 이런저런 변명거리와 핑계들이 자꾸 떠오르면서 행동을 해야 한다는 이성의 신호를 스스로 꺼버리는 사람들이 의외로 많다. 그럴 때 나는 어떻게 할까?

그들의 머릿속 꺼진 스위치를 다시 켜 준다. 대부분의 사람들은 목표가 부재하다 보니 행동하고자 하는 열정이나 잠재력 스위치가 꺼져있다. 이뿐만 아니라 미래에 내가 어떤 모습으로 살아야 한다는 상상의 스위치마저도 꺼져 있어 열심히 살겠다는 다짐만 앞설 뿐 행동력의 불씨가 살아나지 않는다. 그럴 때 사람들의 머릿속에 잠들어 있던 스위치를 켜 주는 것만으로도 그들의 행동력은 다시 활활 타오르는 제트기가 된다.

스위치가 켜지게 하는 방법은 단 하나밖에 없다. 내면에 있는 '탁월해지고 싶은 욕구'를 찾아주는 것이다. 누구나 타인으로부터 인정받고 싶고 스스로 자랑스러워지길 원한다. 하지만 평소에 자신이 어떤 모습으로 살고 싶은지, 어떤 미래를 만들어 가고 싶은지에 대한 깊은 생각이나 자각을 하지 못하고 살다 보니 탁월해지고 싶은 마음이 현실에 안주하고 싶은 마음에 지는 것이다.

그럴 때는 미래에 살고 싶은 모습을 그려주는 상상의 스위치를 '딸깍~'하고 켜 주기만 하면 된다. 내 안에 탁월해지고 싶은 욕구가 무엇인지 깨닫게 되는 순간 다른 어떤 이유가 있더라도 행동해야겠다는 마음이 자발적으로 생긴다. 10년이 넘는 기간 동안 약 15,000명 이상의 사람들의 내면을 들여다보며 그들의 탁월해지고 싶은 욕구 스위치를 켜 준 덕분에 그들의 성장 엔진은 여전히 불타오르고 있다.

세일즈를 잘하는 사람들 역시 상대방의 내면에 숨은 탁월해지고 싶은 욕구를 찾는 달인들이다. 다른 말로 '니즈 파악'이 빠른 사람들이다. 무제한의 부를 이끌어내는 사람들은 제품 설명을 장황하게 잘하는 사람들이 아니다. 고객의 마음속에 숨은 진짜 욕구를 이끌어 내 그들이 살 수밖에 없도록 행동력을 이끌어 낸 주인공들이다. 그러니 세일즈를 잘하려면 제품 우선이 아니라 관계 우선의 법칙을 쌓아 나가야 한다.

관계우선의 법칙으로 부의 크기를 견인하라.
·····

〈나이키〉는 신발을 팔지 않는다. 도전 정신에 열광하는 사람들의 에너지를 판다.

〈오늘의 집〉은 집을 팔지 않는다. 내 집과 타인의 집 인테리어에 관심이 많은 사람들의 안목을 판다.

〈테슬라〉는 전기차를 팔지 않는다. 일론 머스크의 도전에 감동한 사람들의 미래 세상에 대한 비전을 판다.

이 모든 것은 무언가에 열광하는 사람들과 함께 관계를 구축하여 성공을 만들어 낸 기업들의 사례다. 이제 사람들은 제품에 끌리지 않는다. 얼마나 내 관심사를 충족시켜주는가에 대한 기준으로 소비한다. 비슷한 취미나 공통의 관심사를 가진 사람들의 느슨한 연대를 통한 커뮤니티나 플랫폼을 기반으로 한 관계 중심 비즈니스나 서비스가 부의 흐름을 좌지우지한다. 이 방법은 거대 기업에만 속하는 이야기가 아니다. 개인도 충분히 이런 관계 우선의 법칙을 적용하여 부의 크기를 늘릴 수 있다.

나와 같은 공통의 관심사를 가진 사람들은 누구일까? 그들은 어떤 서비스를 원할까? 어떤 콘텐츠를 원할까? 공통의 라이프 스타일과 관심사가 있는 사람들에 대한 생각을 읽고, 일상을 관찰하여 그들의 니즈 충족을 위해 다양한 서비스를 제공해 보면 어떨까? 제품 우선이 아닌 관계 우선으로 향할 때 연속적이고 꾸준한 부의 길을 열 수 있다. 나와 같은 관심사를 가진 3명에게 만족할 만한 서비스부터 제공해 보는 것부터 시작하라. 부의 기회가 줄줄이 따라오게 되는 것을 실감하게 될 것이다.

인간의 4가지 유형 그리고 황금 사과의 법칙

잠시 멈춤의 유혹

· · · ·

잡혀있던 미팅이 갑자기 취소되어 집에서 아이들을 위한 간식을 만들어 주기로 했다. 마침 냉장고 속 잠들어 있던 쌀떡이 눈에 띄어 떡꼬치를 만들어 주었다. 엄마 손맛이 최고라며 순식간에 빈 접시만 남은 것을 보니 괜스레 어깨가 으쓱해지며 어릴 적 추억이 오버랩되었다.

초등학교 시절 우리 학교 정문 앞에는 작은 천막 분식점이 있었다. 지금으로 치면 길거리 떡볶이를 파는 곳이라고 해야 할까? 그때 떡볶이 한 접시 가격은 300원이었고, 떡꼬치 가격은 200원이었다. 바싹하게 튀긴 5줄의 긴 떡 위에 매콤달콤한 떡꼬치 소스가 꾸덕꾸덕하게 덧입혀진 떡꼬치 한 입을 베어 물면 학교에서 보냈던 지루한 시간에 대한 모든 것이 보상받는 기분이었다.

특히 학교 끝나고 간식이 그리워질 시간에 갓 튀겨낸 떡꼬치의 비주얼과 함께 나를 힘들게 하는 것은 튀김이 튀겨지고 있는 소리와 기름 냄새였다. 선생님도 훔치지 못한 내 마음을 사로잡고 발걸음을 붙잡는 곳은 언제나 그곳이었다. 매일 떡꼬치와 달걀튀김을 사 먹느라 500원을 지불하는 손님이었으니 초등학교 다니는 내내 나는 그 분식집 VIP가 아니었을까?

누구나 사람의 마음을 사로잡고 발걸음을 멈추게 하는 비밀만 알면 지속적으로 부를 이루어 낼 수 있다. 사람들은 어떤 포인트에서 지갑을 여는가? 바로 주목을 이끌어 내는 힘에 있다.

길거리를 지나가다 내 인테리어 취향이 한껏 반영된 카페 분위기가 눈길을 사로잡은 적이 있는가? 평범한 사람들 속에서 남다르고 독특한 패션 피플 때문에 절로 고개가 돌아갔던 적이 있는가? 재미있는 이벤트 행사가 열려 사람들이 북적거리는 모습을 보고 발걸음을 멈추고 들여다본 적이 있는가? 이런 모든 타이밍이 주목을 이끌어 낸 상황이다. 사람들의 눈과 귀, 마음을 훔쳐 주목을 이끌어 내는 것을 '과속 방지턱' 효과라고 한다.

차량이 전력 질주하지 못하도록 만든 제어 시스템인 '과속 방지턱'은 운전자에게 속도를 줄이고 서행 운전을 해야 한다는 메시지를 자각시킨다. 과속 방지턱은 일종의 넛지 효과로 과속으로 인한 사고를 막고 운전자에게 안전운전의 경각심을 일깨워 준다.

사람들의 지갑을 열게 할 때도 역시 이런 과속 방지턱 효과가 필요하다. 사람들에게 '당신이 찾고 있던 곳이 여기입니다.' '이 강의를 놓치면 당신은 후회할지도 몰라요.'를 무언의 메시지를 던져 바쁜 일상을 살아가는 사람들의 발걸음을 잠시 멈추게 한 후 주목받을 수 있다면 과속 방지턱 효과를 제대로 일으키고 있는 것이다.

그렇다면 이 과속 방지턱 효과를 만들어내기 위해 무엇을 알아야 하는가? 사람들이 반응하는 반응점의 기준을 알아야 한다. 빨간 사과 가운데 유독 반짝거리며 빛나는 황금 사과 하나가 있다고 하자. 사람들은 그 황금사과를 보고 싶어서, 혹은 그 사과를 소유하고 싶어서 모든 관심과 에너지를 쏟을 것이다. 문제는 사람들마다 황금사과를 황금사과라고 인식하는 포인트가 모두 다르다는 것이다. 사람들은 보통 4가지의 기준에 따라 자신만의 황금사과를 정한다. 각각의 선택 기준을 알고 있다면 더욱 쉽게 사람들의 마음을 사로잡을 수 있는 과속 방지턱을 많이 만들 수 있을 것이다. 과속방지턱이야말로 고객이 지갑을 열 수 있도록 선택을 유도하는 황금 넛지다.

지갑을 여는 4가지 유형의 비밀

‥‥

지갑을 여는 고객의 유형 1. 가성비형

첫 번째 유형은 무조건 싼 것만을 찾는 사람들이다. 일명 가성비를 중시하는 사람들의 핵심은 '싼 가격'이다. 사람들마다 지갑을 여는 핵심 가치가 여러 가지지만 싼 가격에 반응하는 사람들은 의외로 많다. 백화점 또는 대형마트 이벤트 홀이나 진열대에서 할인 이벤트를 하는 곳이면 언제든 사람들이 많이 붐비게 되는 이유이기도 하다.

늦은 저녁 퇴근길에 이웃 한 분을 만났다. 반가운 마음에 어디 다녀오시느냐고 안부를 물었더니 저녁 운동 겸 마트에 가신다는 것이다. 마트를 저녁에 가는 이유가 갑자기 궁금해져서 물었다. "급하게 필요하신 게 있으세요?" 그분께서 하시는 답이 신박했다. 마트는 무조건 밤에 가야 정가보다 싸게 구매할 수 있는 것들이 많다는 것이다. 그 덕분에 나는 나름의 가성비 공략비법이 있다는 것도 알게 되었다.

가성비 지향형 사람들은 주로 '반값 세일, 오늘만 특가, 빅세일 코너, 가장 저렴한 가격에 구매하세요.' 같은 문구에 재빠르게 반응한다. 세상에는 가격이 아무리 비싸도 내가 소유하고 싶은 것이라면 반드시 사는 사람들도 있고, 이렇게 성능 대비 가격을 최대한 낮춰서 저렴하게 구매하는 것에 크게 만족하는 사람들도 있다. 가성비 지향형의 지갑을 열기 위해 세일 품목이나 구성요건들을 마련해 두면 훌륭한 과속 방지턱이 된다.

지갑을 여는 고객의 유형 2 . 즉시 거래형

아침에 일어나면 주로 생각 정리 후 노트북을 활용해 글을 쓰는 편이다. 그런데 그날따라 아무리 노트북을 찾아도 보이지 않았다. 연구소에 두고 왔나 싶어 연구소도 샅샅이 살펴 보았지만 노트북은 어디에도 보이지 않았다. 그때 깨달았다. 노트북이 사라졌다는 사실을 말이다.

집안 곳곳, 연구소 이곳저곳을 살펴봐도 나오지 않던 노트북의 실종 원인은 황당하게도 아버지였다. 아버지께서 쓰레기를 버려주신다고 노트북이 담겨 있던 캐리어에 무거운 쓰레기 봉투를 한꺼번에 들어올려 버리느라 노트북 확인을 못한 채 버려진 것이다.

당장 '그 노트북에 일하던 것들이 가득 담겨 있었는데…'하며 머릿속이 아찔해졌다. 다시 시작해야 할 업무는 많고, 시간은 촉박하고…, 순간 생각이 많아질 줄 알았는데 오히려 단순해졌다. 빨리 다시 노트북을 사야겠다는 해답이 돌출된 것이다. 전자 제품 매장에 들어가자마자 화려한 디자인과 압도적 성능들이 다양하게 탑재된 노트북들이 멋지게 진열되어 있었다. 담당 매니저분이 하나하나 설명해 주셨지만 사실 귀에 들어오지 않았다. 나는 빨리 노트북을 사서 내 일을 해내야 하는 것이 가장 급선무였기 때문이었다. 결국, 나는 예전 노트북과 동일한 모델 중 성능만 업그레이드 된 노트북을 바로 구매하게 되었다.

즉시 거래형의 가장 큰 특징은 절대적으로 시간을 사수해야 하는 사람들이다. 기다리기보다 돈을 더 주고서라도 즉시 구매할 수 있는가가 가장 큰 만족 요건이 된다. 이들은 가격이 중요한 것이 아니라 내 손에 원하는 것이 언제 들어오느냐가 더 중요하다. 이런 유형의 사람들에게는 여러 가지 부연 설명이 필요 없다. 원하는 것이 무엇인지 몇 가지를 질문해서 원하는 것을 빠르게 제공해 줄 수 있으면 된다. 주로 얼리 어답터들이 이런 유형에 속한다.

지갑을 여는 고객의 유형 3 . 신뢰 관계형

신중함이 때로는 발목을 잡을 때도 있지만, 중요한 결정을 할 때는 신중함 만한 좋은 태도도 없다. 돈을 사용할 때도 이런 심사숙고하는 사고방식을 활용하는 사람들이 있다. 이런 사람들에게는 구매 결정 또는 지갑을 열기까지 오랜 시간 쌓여온 신뢰 관계가 기준이 된다.

사업을 시작하고 10년이 지나니 사업 초기 우리 연구소를 방문해 주셨던 분들이 5~6년이 지나 다시 찾아오는 경우가 꽤나 많으시다. 이런 분들과 티타임을 나누다 보면 한결같이 해주시는 말씀이 있다. "제가 몇 년 동안 지켜봐 왔는데 정말 꾸준하게 성장하시는 것 같아요. 저도 이제 도움이 필요한 때가 된 것 같아요!" 하시며 신뢰감을 증명하는 시간을 충분히 가지셨다는 것을 피력하신다. 신뢰는 단번에 쌓이는 것이 아니기 때문에 스스로 만족하실 때까지 충분히 검증하는 시간을 갖는 것이다.

신뢰 관계 지향형이신 분들에게는 반복해서 좋은 관계를 쌓고, 도움이 되는 정보들을 꾸준히 나누면서 신뢰감을 만들어 가야 한다. 여기서 중요한 것은 '반복'이다. 고객의 머릿속에서 잊히지 않기 위해 반복적이고 지속적으로 증명해야 한다. 인간의 뇌는 반복적으로 노출될수록 중요하게 여기는 특징이 있다. 이렇게 반복적으로 신뢰 관계를 쌓아놓다 보면 반드시 지갑을 열게 되는 순간이 온다.

지갑을 여는 고객의 유형 4 . 로열티형

일이 잘 안 풀리거나 마음이 뭔가 복잡할 때는 이케아에 자주 가는 편이다. 쇼룸을 보며 다양한 영감을 상상해보기도 하고, 이케아가 주는 메시지에 흠뻑 빠져들어 소통하는 기분을 느낄 때가 많기 때문이다.

사람들은 각자가 추구하는 라이프 스타일이 있고 취향이 존재한다. 자신의 취향이 반영된 브랜드라면 어떤 것이든 갖고 싶고 소유하고 싶어 한다. 스타벅스의 굿즈들, 아이폰 출시 첫날 길게 늘어선 구매 대기 줄 같은 현상은 모두 팬덤을 소유한 브랜드들에 의해 나타난다. 이렇게 묻지도 따지지도 않고 내 세계관과 취향을 만족시킨다면 지갑을 여는 사람들을 로열티형이라고 한다.

마케팅의 이단아 세스고딘은 《마케팅이다》에서 이렇게 말했다.

"변화를 일으키고 싶다면 문화를 만드는 일부터 시작하라. 사람들을 한 데 엮는 데서 시작하라. 문화는 전략을 이긴다. 심지어, 문화가 곧 전략이다."

내 메시지가 사람들의 마음을 파고드는가? 공감과 공유를 이끌어 내는가? 이 질문으로부터 시작하다 보면 반드시 팬덤이 형성되고 로열티가 굳건한 VIP 고객들이 지속적으로 지갑을 열어 줄 것이다.

이제는 추억이 되어버린 떡꼬치지만 그 안에는 분명 지갑을 열게 하는 비밀이 숨어 있었다. 아직 사람들의 지갑을 여는 방법을 모르겠다면 나는 어떤 유형의 사람들을 위한 과속방지턱을 만들지 정해보고 마음을 사로잡아 보면 어떨까?

7

Influence

10배의 부를 안겨줄 최적화 프로세스 / 슈퍼 사이클 4 : 영향력

진정한 영향력은
시간이 지나도 사라지지 않는다.
– 스팁븐 코비

부자로 가는 지름길 '6C' 법칙

평범한 사람도 부자로 갈 수 있는 비밀

‥‥

나는 수집을 좋아하는 편이다. 이것저것 궁금한 게 있으면 자료들이나 데이터 등을 모으고 스스로 통계를 내 본다. 마침내 수집 본능이 발동했다. 7,777억 원을 가진 부자가 되기를 꿈꾼 날부터 부자는 어떤 특징을 지니고 있는지 무척 궁금해진 것이다.

너무나 평범해 보여서 부자인지 모르는 그런 사람들은 어떻게 부를 축적한 것일까? 반드시 부자가 되고 싶은데 '나'라는 사람에게는 부자가 될 DNA가 조금이라도 존재하는지 알고 싶었다. 그래서 부자들의 DNA를 수집해 내면에 심기로 마음먹었다.

처음엔 누구에게 답을 구해야 할지 몰라서 미친 듯이 부자에 관한 책을 100권 정도 읽었다. 직접 부자들을 찾아 인터뷰도 해 보았다. 그리고 깨달았다. 부자는 만들어지는 것이라는 사실을 말이다.

태어날 때부터 부자인 사람도 있지만 그렇지 않은 사람도 충분히 부자가 될 수 있다.

부자의 DNA는 만들 수 있기 때문이다. 즉 나의 내면에 부자처럼 생각하고 행동하게 만드는 부자 DNA를 심으면 나도 부자가 될 수 있고, 당신도 부자가 될 수 있다. 중요한 건 이 유전자는 후천적 노력으로 더 잘 만들어진다는 사실이다.

다독과 인터뷰를 통해 부자들이 공통으로 가지고 있는 여섯 가지 특징(6C)을 발견했다. 그리고 부자가 되려면 이 6C가 아주 중요한 역할을 한다는 사실도 알아냈다. 6C만 알면 누구나 돈 버는 능력을 10배 정도 키울 수 있다. 나도 이 특징들을 하나씩 접목할 때마다 돈 버는 능력이 점프 업 됐다. 6C에 대해 자세히 알아보자.

캐릭터(charactor)

자기 주관이 확고한 사람을 보고 "캐릭터가 확실해!"라고 말해보거나 들어본 적이 있을 것이다. 캐릭터는 상징적 특징을 명확히 표현해내는 것이다.

부자는 자신의 캐릭터가 명확하다. 자기 자신을 누구보다 잘 이해하고 있기 때문이다. 개그 프로그램을 보면 자신의 캐릭터를 명확하게 만들어서 무대에 서는 사람들이 대부분 인기를 끈다. 왜 그럴까? 캐릭터가 있으면 그만한 매력이 뒤따르기 때문이다. 캐릭터가 명확하기 때문에 개성이 강하고 다른 사람의 뇌리에 오래도록 기억된다.

 부자가 되려면 차별화된 나만의 캐릭터가 확실해야 한다. 내가 만나본 부자들은 하나부터 열까지 명확하고, 명확하고, 또 명확했다. 나만의 캐릭터를 위해 우리는 개성을 살리고 나의 매력을 다듬어 나가야 한다.

컨디션(condition)

 컨디션은 말 그대로 건강상태나 기분 등을 나타내는 단어다. 컨디션은 그 사람의 에너지와 직결된다. 부자가 된 사람들은 자신의 에너지와 감정을 관리하는 것이 곧 자신의 매력을 최대화한다는 사실을 알고 있다. 그들은 어떻게 하면 더 좋은 에너지로 컨디션을 유지할 수 있는지 계속해서 고민하고 실천한다. 몸에 좋은 것을 먹고, 적당한 운동을 하고, 명상을 좋아하며, 여유와 산책을 즐긴다.

 컨디션을 관리한다는 것은 나의 운을 만드는 것과 같다. 부자는 자신의 에너지를 항상 플러스 상태로 유지하려고 노력한다. 만나는 사람 또한 열정이 넘치고 플러스 에너지가 가득한 사람들과 좋은 인연을 오랫동안 유지한다. 이 말은 곧 마이너스 에너지를 가진 사람과는 인연을 만들지 않는다는 뜻이기도 하다.

커리어(career)

 대부분의 부자들은 추월차선으로 가는 커리어를 찾는다. 현재 추월차선이 아니더라도 결국 추월차선을 향할 수 있는 커리어를 향해 이동하는 방법을 택한다. 무엇을 주로 할까? 먼저 자신의 사업을 주로 일군다. 자신이 밤새워 일해도 행복할 것 같은 일을 찾는다. 그 일을 통해 사람들에게 어떤 도움을 줄 수 있는지 고민한다. 어떻게 하면 더 많은 사람을 도울 수 있을지 방법을 연구한다.

부자들은 자신의 커리어를 다른 사람의 손에 맡기지 않는다. 오로지 자신의 힘으로 부를 축적하는 사업을 하거나 찾아 나선다. 그들에게 직장은 나의 사업을 일구기 위해 거쳐 가는 한 단계 관문일 뿐이다.

카리스마(charisma)

카리스마 하면 떠오르는 동물이 있다. 동물의 왕, 사자다. 사자는 몸집이 제일 큰 동물도 아니고, 가장 빠른 동물도 아니지만, 동물의 왕이다. 무엇 때문일까? 바로 사자의 눈빛 때문이다.

리더 혹은 부자들은 강한 눈빛을 가졌다. 그들의 강한 눈빛의 원동력은 성공에 대한 확신과 신념이다. 누구의 말에도 현혹되지 않고, 스스로 가야만 하는 길에 모든 눈빛이 향한다.

부자는 자신의 신념을 굽힐 줄 모르는 사람들이다. 성공으로 향하기 위해 목표에 대한 명확한 비전을 갖고 기꺼이 달릴 줄 안다. 성공하는 사람들의 눈빛은 사자의 눈빛과 같다. 일관성 있게 나아가기 위해서는 사자의 눈빛과 같은 카리스마가 필요하다.

커넥팅(connecting)

성공 지향적인 사람들은 돈이 붙고 사람이 붙는 자석이다. 서로의 재능과 자원을 연결해서 더 큰 시너지를 만들어낼 줄 안다.

구글의 CEO 래리 페이지와 세르게이 브린은 서로 너무나 다른 존재였지만 서로의 재능을 연결해 구글을 구현해냈다. 링크드인(Linked in)의 리드 호프먼은 '인맥 연결의 달인'이라는 별칭을 갖고 있다.

성공하는 사람들은 좋은 인맥이 곧 자산임을 안다. 그리고 그 인맥들을 연결하면 새로운 방향성의 충돌이 일어나 예상치 못했던 시너지가 작용한다는 사실을 잘 알고 있다. 부자에게 연결이란 일상이자 성공으로 가는 다리다.

크리에이티브(creative)

6C의 마지막은 모든 인간에게 주어진 신의 선물이다. 바로 창조할 수 있는 능력이다. 인간의 내면엔 창조적 에너지가 있다. 부자들은 이것을 마음껏 활용하고 꺼내 쓸 수 있는 능력이 있다. 우리가 사용하고 있는 모든 것은 창조의 힘으로 탄생된 것들이다. 즉 다르게 생각해서 구현시켜낸 것들이다.

창조는 고도의 생각 구현 스킬이다. 우리가 계속해서 더 나은 공간, 더 나은 삶을 누릴 수 있는 것도 모두 인간의 창조적인 능력 때문이다. 우리가 그토록 갖고 싶어 하는 돈도 창조물이다. 창조력을 더 많이 발휘할수록 부자가 되는 길은 쉽게 열릴 것이다.

저자가 되어
압도적 진입장벽을 만들어라

실패에서 성공으로

• • • •

처음 교육 사업가가 되기로 마음먹었을 때 새로운 인생이 시작될 것 같은 마음에 설레고 즐거웠다. 교육회사 대표가 된다고 생각하니 밥을 안 먹어도 배가 부르고, 잠을 안 자도 피곤하지 않았다. 자본금 하나 없이 100% 열정 가득한 초보 사장이 할 수 있는 것은 두 발로 뛰는 것뿐이었다.

연구소가 있는 지역에서부터라도 회사의 존재를 알리기 위해 이벤트 강의를 정성껏 준비했다. 아주 기초밖에 모르는 파워포인트를 하나하나 만지면서 얼떨결에 포스터도 만들고 주변 아파트 카페에 무료 강의 홍보 글도 올렸다. 당시만 해도 온라인 소통이 많지 않아서 아파트 게시판에 강의 홍보 전단지를 붙여보기로 했다. 당시 전단지 광고비도 만만치 않았기 때문에 홍보비만 내고 아파트마다 전단지를 붙이는 것은 직접 돌아다니며 하기로 했다.

여러 개의 아파트가 있다 보니 아파트를 다 돌며 전단지 홍보 마무리가 된 시간은 시작한 후 3일이 지나서였다.

"이제 됐다. 최선을 다했으니 좋은 결과를 기다려보자!"

우리 부부는 3일의 기적이 간절히 일어나길 바라며 서로 응원의 한 마디를 건네주었다.

문제는 그다음이었다.

지금쯤이면 불타나게 문의 전화가 와야 하는데 하루, 이틀 시간이 지나도 벨소리는 단 한 건도 울리지 않았다. 완벽한 실패라고 인정하기까지 그리 오랜 시간이 필요하지 않았다. 그렇게 우리 부부는 또 한 번의 실패로 성장통을 세게 겪어내야 했다.

그로부터 10년이 지난 지금은 미팅 시간이 턱없이 부족하다. 미팅을 대기하고 계신 고객분들만 해도 몇십 분이다. 예전에는 시간이 너무 많아서 탈이었는데 이제는 지나가는 1분 1초의 시간도 붙잡고 싶을 만큼 문의 전화가 많다. 10년 동안 도대체 무슨 일이 일어났던 것일까?

진입장벽이 높아지면 벌어지는 일

....

"무료 특강 진행하겠습니다. 들으실 분들은 신청서 작성해 주세요."

순식간에 50여 분이 넘게 강의 신청을 하셨다. 급하게 하는 강의라 신청할 분들이 계실까 했지만, 예상을 뛰어넘고 많은 분들이 신청하신 것을 보고 깜짝 놀랐다. 10년 전만 해도 냉랭하던 강의 참석 비율이 180도 달라졌다. 이유는 간단하다. 우리 부부가 지난 10여 년간 꾸준히 진입장벽을 높였기 때문이다.

상담이 진행되는 연구소 사무실 한쪽에는 여섯 권의 책이 진열되어 있다. 이 책들은 모두 우리 부부가 지난 10여 년간 집필한 책이다. 이 여섯 권의 책 덕분에 우리 부부의 인생은 또 한 번 업그레이드되었다. 단지 책이 있을 뿐인데 무엇이 업그레이드되었다는 것일까?

사람들의 인식이 업그레이드되었다. 10년 전 우리 부부는 그냥 떠돌이 강사 그 이상도 이하도 아니었다. 하지만 저자가 되고 난 후 연구소 대표 직함에 이어 생긴 명함이 하나 더 있다. 바로 '베스트셀러' 저자라는 타이틀이다. 10년 전 아파트 곳곳을 돌며 아무리 전단지를 많이 붙이고 홍보해도 알아봐 주는 사람들이 없었다. 하지만 지금은 다르다.

"《10배 버는 힘》 책 읽고 왔어요. 정말 대단하세요!" 하며 내 책을 미리 읽고 찾아와 주신 분들이 훨씬 많다. 그 덕분에 나를 돈 버는 능력을 키워주는 전문가로 알고 오신 분들이 훨씬 더 많아지셨다. 지금 이 개정판을 쓰는 이유도 《10배 버는 힘》 책이 꾸준히 사랑받으면서 스테디셀러가 되었기 때문이다.

저자가 되었을 때와 일반 교육회사 대표였을 때는 완전히 차원이 다른 결과가 도출된다. 저자가 되는 순간 그 분야의 전문가가 되면서 엄청난 홍보 효과와 영향력이 발생하는 것이다. 10년 전 전단지를 홍보할 때는 아무리 열심히 해도 단 한 사람도 내 목소리에 귀 기울여 주는 사람이 없었다. 서글픔은 둘째 치고 앞으로 어떻게 살아야 할지에 대한 막막함마저 생기는 건 기본이었다. 하지만 지금은 아니다. 내가 굳이 내 자랑을 하지 않아도 책이 알아서 나를 대변해 주는 역할을 한다. 내 책을 읽고 행동해야겠다고, 부자가 되어야겠다고 마음먹고 찾아오시는 분들은 나를 바라보는 인식과 태도에서부터 차이가 발생한다. 이것이 바로 진입장벽의 효과다. 저자가 된 덕분에 우리 부부는 더 이상 아파트 광고란에 홍보지를 붙이는 일은 하지 않아도 된다.

돈의 공식이 바뀌다.

....

부의 흐름이 바뀌면서 자연스럽게 부를 만드는 공식도 변화되었다. 예전에는 시간을 돈으로 바꾸는 것이 최고의 공식이었다. 하지만 온라인 문이 활짝 열리고 무제한의 시대가 펼쳐지면서 돈의 공식은 '가치×영향력'이 되었다. 중요한 것은 아무리 무제한으로 부를 쌓을 수 있다고 해도 사람들은 여전히 '진짜'를 찾고 있다는 것이다.

그렇다면 어떻게 '진짜'가 되어야 할까? 가치를 높이기 위해서는 사람들에게 내가 무리 중 한 명이 아닌 특별한 다이아몬드 같은 존재라는 것을 인식시켜 줄 수 있어야 한다. 바로 "사람들에게 '어떤 사람'으로 인식될 것인가?"에 대한 명확한 답을 해줄 수 있어야 한다는 것이다.

하지만 여전히 사람들은 자신이 어떤 사람인지 명확히 소개하지 못한다. 또 수많은 사람들을 도우며 수익화를 이루고 싶지만 세일즈가 이루어지지 않는다. 모두 '가치'를 만들어내지 못했기 때문이다.

가치는 쉽게 말해 '나는 당신에게 어떤 것을 도와줄 수 있는 사람입니다.'에 대한 답을 찾는 것이다. 즉, 브랜딩이 된 상태를 말한다. 라벨 없는 생수와 에비앙 중 당신이 갖고 싶은 생수는 무엇인가? 이것에 대한 답이 바로 브랜딩의 힘이다. 당신을 라벨 없는 생수에서 에비앙으로 바꿔주는 역할을 하는 것이 브랜딩 효과다.

브랜딩이 되면 내가 일일이 찾아다니며 거절당하는 것이 아니라 고객이 사고 싶어서 찾아오게 만들 수 있다. 가장 빨리 브랜딩 효과를 보는 방법은 여전히 '저자'가 되는 것이다.

저자가 됨으로써 '가치×영향력'의 모든 조건을 가질 수 있다. 그러나 책을 쓴다고 모두가 브랜딩이 되는 것은 아니다. 브랜딩 될만한 요소를 갖춘 저자가 되는 것이 중요하다. 그러니 단순히 저자가 되는 것을 목표로 할 것이 아니라 '브랜딩 된 저자'를 목표로 책을 집필해야 한다.

저자가 되고 난 후, 내 인생은 더 이상 외톨이가 아니다. 내 스토리에 공감하고 반응하는 고객이 생겼고, 나를 믿어주는 분들도 든든한 팬분들도 생겼다. 저자로서 맺어진 새로운 인연들도 생겼다. 바닥에 뒹굴던 내 가치는 어느새 빛나는 다이아몬드가 되어 다른 사람들의 삶을 아름답게 높여주는 존재가 되어 빛나고 있다.

아직 이렇다 할 자기소개서가 없는가?
내가 누구인지, 어떤 존재인지 갈팡질팡 헤매고 있는가?
무엇으로 사람들을 도와줄 수 있는지 가치를 찾고 싶은가?
유명하지 않아도 특별한 영향력을 만들고 싶은가?

내 이름 앞에 '저자'라는 타이틀을 추가하라. 머지않아 나의 도움이 필요한 누군가가 SOS를 하기 시작할 것이다.

영향력이 무한대로 커지는 정체성 효과

사진 속 내 모습과 사업의 공통점

••••

어느 날 집에 보관되어 있던 낡은 소품들을 정리하다가 필름 사진첩 한 권을 발견했다. 20여 년간 박스에 보관되어 있던 빛바랜 사진이 추억을 되감게 했다.

사업을 시작한 후 너무 바빠져서 스스로를 꾸미거나 포장할 시간이 거의 없어졌다. 그런데 20년 전 학창 시절 사진 속 나도 꾸밈없이 웃고 있었다. 모르긴 몰라도 여유로워 보이는 과거 속 내가 부럽다고 느껴졌다.

한 번은 시간을 쪼개어 손톱 관리를 받으러 갔다가 진열대에 놓인 형형색색의 매니큐어 색에 빠져서 나도 모르게 충동 구매를 했다. 화려하게 꾸미면 조금 나아질까 하는 기대감에 인디언 핑크로

손톱을 다 꾸미고 보니 나름 만족스러웠다.

그런데 그 만족은 오래가지 못했다. 예쁘게 바른 매니큐어가 벗겨질까 조심하다 보니 신경 쓸 일이 한두 가지가 아니었다. 그뿐만 아니라 매니큐어로 뒤덮인 손톱이 너무 답답했다. 결국, 3일도 못가 리무버로 매니큐어를 지워버렸다. 나와 맞지 않는 옷을 입은 느낌이었다.

다시 한번 내가 꾸미는 것을 별로 좋아하지 않음을 깨닫게 됐다. 있는 그대로의 내 모습만으로도 충분히 사랑스럽고 자랑스러웠기 때문이다. 단정하고 정갈한 모습, 꾸미지 않아도 스스로 빛나는 것이 진정한 미의 기준이라는 생각이 들었다.

나는 사업도 그렇게 키워나간다. 내가 하고 있는 사업에는 꾸밈이 없다. 즉 화려함이 없다는 말이다. 그 대신 더욱 집중하는 것은 외면이 아닌 내면이다. 사업도 외적인 모습보다 내실을 더 강조한다. 그래서 우리 연구소에 오시는 분들은 긴가민가한 상태로 오셨다가 교육을 들어보시고는 내실에 감탄하신다. 나는 과정을 통해 고객에게 더 많은 만족을 선물해주는 것이 훨씬 가치 있다고 여긴다.

나의 정체성은 다른 사람을 도울 때 완성된다.

‥‥

중요한 것은 고객의 마음속에 각인 되는 것이다. 내가 아무리 좋은 것을 주고 싶어 준비해 두었어도 고객의 머릿속에 기억되지 않으면 잠시 스쳐 가는 인연으로 끝날 뿐이다.

사람들은 여러 가지 경로를 통해 뇌에 각인해야 할 것들을 분별한다. 그중 하나는 위기를 경험할 때다. 음식을 먹고 배탈이 나면 그 음식은 나에게 해가 되는 음식이 된다. 어느 특정한 장소에 갔다가 안 좋은 일을 겪으면 그 장소는 좋지 않은 기억으로 저장된다. 위기는 장기기억으로 넘어가게 하는 트리거다.

사람에 대한 기억은 유의미한 존재가 되었을 때 머릿속에 각인된다. 살면서 수많은 사람을 만나고 헤어지지만, 계속 특별한 관계로 남는 경우는 서로에게 유의미한 존재이기 때문이다.

그렇다면 어떻게 상대에게 유의미한 존재가 될 수 있을까? 별다른 것은 없다. 도움을 줄 수 있으면 된다.

나는 고객들에게 나만의 방법으로 도움을 줄 수 있는 방법을 찾아보았다. 나만의 방법을 찾아내기 위해서는 내가 좋아하는 것, 잘하는 것을 스스로 찾아내야 했다.

가장 좋아하는 것은 역시 독서였다. 나는 연간 200~300권의 독서를 꾸준히 이어가고 있다. 다른 사람들에 비해 다독을 즐기는 편이다. 독서는 내 일상의 일부이기 때문에 이제는 독서가 자연스럽다. 많은 독서량이 쌓인 후에 나에게 좋은 별명이 하나 생겼다. 다독으로 얻은 지혜와 통찰력이 많은 도움이 된다고 해 '인사이트 퀸'이라는 별명을 지어주셨다.

그 별명이 생긴 후부터 나에게 상담 요청이 많아졌고, 상담 후 문제를 해결할 수 있는 책들을 추천해 달라고 하시는 분들이 점점 많아졌다. 고객들의 요청에 기꺼이 기쁘게 책을 추천해 드렸다. 한 두 번 쌓이다 보니 어느새 취미가 특기가 되어 있었다. 좋은 책을 읽고 나누는 것은 나에게 새로운 행복을 가져다주었다. 고객에게도 좋은 인연이 되어 각인시킬 수 있게 되었다.

그렇게 새로운 정체성이 내 안에 생겨났다. 다독가에서 지혜와 혜안을 가진 사람으로 변화가 이뤄진 것이다. 비로소 나만의 진정한 정체성은 다른 사람들을 도울 때 완성된다는 것을 깨닫게 되었다. 사람은 홀로 살아갈 수 없다. 타인과 관계를 맺고, 서로에게 필요한 존재가 될 때 삶의 유익이 흐른다. 진정한 도움을 서로 공유하는 사이가 될 때 특별한 꾸밈이 없어도 존재의 이유가 살아나는 것이다.

나만의 정체성을 정의하는 네이밍이 있는가?

••••

우리는 이런 정체성을 더 명확하고 멋지게 꾸며줄 수 있다. 그것을 다른 말로 '브랜딩'이라고 한다. '나'라는 사람이 누구인지 구체적으로 정의해서 알려주는 것이다. 어떻게 알려줄 수 있을까? 나의 정체성에 새로운 이름을 붙여주면 된다. 즉 새로운 캐릭터. 캐릭터를 오래도록 각인시키는 방법은 캐릭터에 걸맞은 이름을 붙여주면 된다.

우리 이름 석 자는 태어날 때 부모님께서 지어주신 이름이다. 브랜드명은 내 안에 숨겨진 정체성을 찾을 때 붙여주는 이름이다. 사업체도 이름이 없으면 아무것도 아니다. 이름이 생길 때 그 생명력이 유지되고 사람들의 마음속에 특별히 각인되는 것이다.

나만의 정체성이 명확한 브랜드명을 가지면 내가 추구하는 삶의 방향성, 내가 돕고자 하는 유형의 사람들이 나를 찾아온다. 특별한 인연은 내가 누군가에게 도움 되는 존재라는 사실이 알려지면서부터 만들어지는 것이다.

나만의 기준, 나만의 삶의 방향, 나만의 성격, 나만의 캐릭터를 나타낼 수 있는 이름을 찾는다면 어떻게 불러주길 원하는가? 그 이름은 내가 되고 싶은 것, 내가 성장하고자 하는 기준에 따라 달라진다.

나는 '소피노자'라는 브랜드 네이밍을 갖고 있다. 이 이름은 지혜라는 뜻의 'sophia'와 《도덕경》을 쓴 '노자'를 붙여 탄생했다. 나는 '소피노자'라고 불릴 때 행복하다. 그리고 이 이름을 가지고 사람들에게 나의 지혜를 나눠줄 때 10배, 100배 더 행복해진다.

변화는 인간의 특권이다. 새로운 나만의 아바타를 즐겁게 만들어 보자. 내면에 숨어 있던 내공이 더욱 빛을 발하게 될 것이다.

세상 모든 부자들의 공통 키워드는 '이것'

진정한 경쟁을 위해 갖춰야 할 것

••••

사업을 하다 보면 예상치 못한 변수들과 마주하게 된다. 겨우 자리를 잡는가 싶으면 그새 유사한 업종이 옆에 둥지를 틀고 경쟁이 시작된다. 유사 업종과 조금이라도 차별화하려고 경쟁사에 비해 좀 더 가격을 다운시키고 매장을 더 꾸며본다. 그러다 보면 같은 제품을 판매하는 대형 프랜차이즈가 바로 옆에 자리 잡는다. 또다시 경쟁사가 늘어나 경쟁력을 갖춰보겠다고 해보지만, 고객은 이미 떠난 후다. 결국, 외부로부터 오는 경쟁과 비교는 큰 상처만 남길 뿐이다.

우리는 모두 알고 있다. 진정한 경쟁은 나 자신과 해내는 것임을 말이다. 비교의 눈은 나와 과거와 현재를 구분해서 바라보는 것이 진짜다. 남과의 비교로부터 오는 자괴감에 슬퍼할 필요는 없다. 진짜 경쟁상대가 과거에 존재하던 나와 현재의 나 자신이라면 우리는 무엇을 가꾸어야 할까?

혹시 제품을 구매할 때 무엇을 보고 구매하는가? 디자인? 회사? 제품의 성능? 물론 그럴 것이다. 그러나 가장 구매할 때 가장 큰 영향을 끼치는 것은 구매평(후기, 리뷰)이다. 후기가 나쁘면 다른 것들이 아무리 좋아도 구매하지 않을 이유가 충분히 된다. 반면 고객들의 후기가 좋으면 성능이나 디자인이 더 좋은 제품이 있다 하더라도 그것을 구매할 확률이 높아진다. 그래서 기업들은 고객이 달아놓은 후기들에 민감하게 반응한다. 후기가 곧 매출과 직결되기 때문이다.

사람에게도 후기가 따라붙는다. 그 사람이 풍기는 이미지, 말투, 다른 사람을 대하는 태도 등으로부터 이 후기가 퍼져 나온다. 그래서 우리는 후기를 가꿀 수 있어야 한다. 위장하라는 말이 아니다. 아주 진실하게 후기를 만들어야 한다. 사람에 대한 후기를 다른 말로 하면 '평판'이다. 통제가 아닌 자유로운 삶을 위해 가장 중요한 것은 사람들이 나를 바라보는 안목 즉, 평판을 가꿀 수 있어야 한다.

평판에는 날개가 달렸다. 타인이 바라보는 이미지, 느낌대로 그들의 시선을 통해 나라는 사람이 전달되기 때문이다. 그러니 기업이 어떻게 해서든 좋은 후기를 만들어내기 위해 고민하듯 나도 내 평판을 관리하기 위해 고민해야 한다. 평판은 그 사람이 흘리는 향기다. 향기는 보이지 않지만 모두가 느낄 수 있다. 부자가 되고 싶다면 우리는 이 평판에서 나오는 향기까지 책임지고 관리할 수 있어야 한다. 영국의 지휘자 제프리 경은 "좋은 평판은 좋은 의도와 마찬가지로 많은 행동으로 얻어지고, 하나의 행동으로 잃게 된다."라고 했다. 평판은 우리가 죽기 직전까지 관리하고 책임져야 할 꼬리표다.

중용, 좋은 평판을 만들고 유지하는 법
····

좋은 평판을 유지하는 것은 나에게 좋은 사람들과 함께할 수 있는 기회를 만들어주고, 나에게 더 많은 기회를 가져다주는 역할을 한다.

좋은 평판을 갖추고 유지하는 방법은 무엇일까? 좋은 평판을 갖추려면 중용을 알아야 한다. 중용이란 일희일비하지 않는 것이다. 세상의 모든 것은 순환된다. 고여 있는 것은 아무것도 없다. 그러므로 내 인생이 잘 나가고 있다고 너무 자만하거나 내 인생이 고난의 연속이라고 깊게 좌절할 필요가 없다. 자만하다 보면 중요한 것을 놓치게 되거나 너무 과한 욕심을 부리다 사소한 것 하나에 넘어진다. 그렇다고 너무 겸손할 필요도 없다. 적당히 만족하며 기뻐하는 여유를 가져야 한다. 인생의 역경 앞에서는 '이 또한 지나가리라'라는 마음 자세가 필요하다. 모든 것은 지나간다. 지금 암흑기 같아도 반드시 맑게 갠 날이 온다. 중용은 인생이 어떻든 오늘, 지금, 내가 할 수 있는 일에 집중하는 마음이고 자세다. 그것이 가능할 때 책임감 있는 자유를 가질 수 있다.

과거에 나는 거만했고 자만했다. 순간을 즐기다 보면 그 순간엔 내가 모든 것을 다 가진 것 같은 착각이 들었다. 나는 나 자신과 제대로 경쟁하는 방법을 몰랐다. 속은 채울 생각 못하고 겉만 허울 좋게 꾸미고 다니면 다 가지는 것인 줄 알았던 것이다. 내 착각은 그리 오래가지 못했다. 보기 좋게 고꾸라지기까지 그리 긴 시간이 필요하지 않았다.

회사 취직 후 "1,000만 원 버는 것은 우습지"라고 큰소리친 것과 달리 1,000만 원을 우습게 빚내는 빚쟁이 신세가 되었고, 아무것도 모르고 "난 누구보다 사회생활을 잘 해낼 거야"라고 말했지만 유아 교사일 때 지시와 명령만 하는 원장님을 만나면 대화 자체가 삐걱거렸다. 내 인생이 마치 청개구리처럼 내가 말한 것과 꼭 반대로 흘러가기만 했다. 뒤돌아보니 나에겐 중용이 없었다. 스스로 자만해서 과대평가를 일삼았고, 조금만 안 좋은 생활에 짓눌리면 도피하기만 하는 기복 인생이었다.

과거엔 그랬다. 하지만 지금은 아니다. 나는 나 자신과 책임지는 인생을 사는 사람이 되었다. 그리고 과거의 못난 인생으로부터 탈피하기 위해 끊임없이 경쟁하고 스스로를 다독인다.

계속해서 평판을 점검하고, 새로운 인격체를 수양해내야 한다. 그래야만 진정 의미 있는 경쟁이 가치 있는 경쟁이 될 것이다.

다음은 내가 나 스스로와 경쟁하기 위해 약속한 것들이다.

- 나는 말로 내뱉은 것은 반드시 될 때까지 이수해서 언행일치 시킨다.
- 나는 성공하는 것이 좋지만 그렇다고 자만하지 않고 지속적으로 성장 목표를 추구한다.
- 나는 스스로 약속한 것을 지키기 위해 생산 에너지를 최적화하고 과정과 결과로 증명한다.

경쟁자를 찾고 있는가? 최고의 경쟁자는 나 자신이다. 우리는 깃털처럼 가벼운 유혹에도 쉽게 무너지거나 넘어질 수 있는 연약한 존재다. 이런 생각들로부터 나를 분리하고 유혹에 넘어가지 않기 위해 끊임없이 경쟁해야 한다. 나 자신과의 경쟁도 이겨내지 못하면서 상대의 전술을 이겨낸다는 것은 조금 억지스러운 주장이 아닐까?

영향력의 최소 기준, 숫자 1,000!

존경받는 부자가 되는 신뢰의 기준 1,000

••••

지금부터 약 1,000일 전에 나는 무엇을 하고 있었을까? 오늘처럼 똑같이 10배 노트를 쓰고, 독서를 하고, 미래에 대한 꿈을 꾸고 실행할 목록을 점검했다. 오늘부터 1,000일 후에 나는 무엇을 하고 있을까? 여전히 독서를 즐기고 책을 집필하며 다른 사람들을 돕기 위한 꿈을 실행하고 있을 것이다. 1,000일 동안 내 행동의 변화는 적었지만, 결과의 변화는 컸다.

1,000일이 지나 변화된 것은 무엇일까? 가장 큰 변화는 내 이름 석 자 앞에 '신뢰'라는 단어가 붙은 것이다. 100일을 도전하는 것은 쉽지 않다. 하지만 도전하지 못할 정도는 아니다. 1,000일은 이야기가 달라진다. 100일을 10번 겪어내야 한다. 100일을

10번 겪는 동안 계절이 계속 바뀌듯 인생의 계절도 바뀐다. 맑은 날, 흐린 날, 비 내리는 날, 눈 오는 날, 추운 날, 더운 날을 고스란히 견뎌내야 한다.

내가 살아낸 1,000일은 아무것도 변하지 않는 1,000일이 아니다. 매일 성장하면서 변화를 목격할 수 있도록 결과로 보여주는 삶을 사는 1,000일을 말하는 것이다. 1,000일을 10번 겪으면 10,000일이 된다. 10,000일의 과정을 겪어낸 사람은 마스터(Master, 장인)가 된다. 결국, 100일도, 1000일도, 10,000일도 부자로 가는 과정 중 하나다. 그러나 그 과정을 이겨내는 것은 쉬운 일이 아니다. 그렇기 때문에 이 시간을 통해 신뢰라는 타이틀을 얻는 것은 큰 명예가 될 수 있다.

신뢰받는 사람이 되고 싶다면 1,000일을 증명해 내는 것이 중요하다. 무엇으로 증명할 수 있을까? 내가 1,000일간 지속할 수 있는 실행들을 꾸준히 해내는 것이다. 그 실행의 합이 모여 나라는 존재가 다시 태어나게 된다. 물론 신뢰가 쌓인다고 해서 무조건적 성공이 보장되는 것은 아니다. 그러나 신뢰 없는 성공은 절대 이룰 수 없고, 오래 지속할 수도 없다. 신뢰는 성공의 척도다.

신뢰가 쌓인 사람에게는 주변에 무조건적으로 믿어주는 사람들이 생긴다. 내 삶을 보고 든든함과 믿음을 느끼는 단단한 팬이 생긴다. 사업을 할 때 나를 무조건적으로 믿어주는 팬 1,000명만 있으면 성공적인 사업을 일궈낼 수 있다. 무엇이든 든든한 지원군 1,000명은 나에게 큰 힘으로 작용할 것이다. 다시 말하면 1,000명의 팬을 만들기 위해 내 삶에서 온전한 신뢰를 쌓는 1,000일이 먼저 지속되어야 한다는 말이다.

1,000이 지녀야 할 세 가지 조건

....

부자가 되기 위해 1,000의 의미를 이해할 필요가 있다. 신뢰를 얻는 세 가지 1,000의 조건에 대해 함께 나누고 싶다.

1,000권의 책

기왕 독서를 시작했다면 나는 1,000권의 책을 기준으로 삼으면 좋겠다. 한 주에 한 권씩 읽는다고 해도 20년간 꾸준히 읽으면 1,000권의 책을 읽어낼 수 있다. 무엇이든 그렇겠지만 독서도 다독을 하다 보면 배경 지식이 쌓여 독서 근육이 생긴다. 처음에는 일주일에 한 권씩 읽는 것도 버겁지만 나중에는 같은 분야의 책은 필요한 부분만 뽑아서 읽는 것이 가능할 정도로 지식이 쌓이고 독서 근육이 붙을 것이다. 이론적으로는 1,000권의 책을 읽는 데 19년이 걸린다는 답이 도출되지만 속습(책 내용을 이해할 때 그에 따른 배경 지식이 충분히 쌓여있으면 이해도가 높아 독서의 속도는 빨라지고 독서력은 깊어지는 상태)의 개념을 이해한다면 예상보다 더 빨리 1,000권 독서에 도달할 수 있게 된다. 나는 약 7년간 3,000권의 책을 읽을 수 있었는데 배경 지식이 쌓여 속습이 가능했기 때문이었다. 속습이 가능해지면 1일 1독도 가능하다.

1,000개의 실행

책을 살아있게 만드는 것은 실행하는 것이다. 거창할 필요는 없다. 지금 내가 즉시 할 수 있는 것 한 가지씩 시도해보면 된다. 1,000권의 책을 읽으면 1,000개의 아이디어를 실행해 볼 수 있다. 1,000권의 내공을 가르는 것은 지식이 아니라 실행이다. 작은 실행이 꾸준히 모이면 나의 자산이 된다. 1,000개의 경험을 가진 사람과 1,000권의 책 제목을 아는 사람은 차원이 다른 사람이다.

1,000명의 팬

1,000명의 팬을 만드는 방법은 나의 신뢰도를 1,000명에게 쌓고 보여주라는 말이다. 보여주기식 신뢰가 아닌 진짜 실력을 증명해야 한다. 1,000일을 지속한다는 것은 요령이 아닌 습관의 영역에 있는 행동이다. 그러므로 1,000명의 팬들은 그 습관을 배우고 싶어 할 것이다. 1,000일의 시간이 누적되면 그것이 곧 전문분야가 되는 것이다. 내가 가진 노하우를 아낌없이 팬들에게 나눠주다 보면 나는 더 큰 부를 이룰 수 있을 것이다. 1,000명의 팬들이 똑같이 1,000일의 힘을 기를 수 있도록, 신뢰를 만들어낼 수 있도록 나누는 사람이 되면 1,000명뿐만 아니라 10,000명의 팬을 확보하는 것 역시 시간문제다.

1,000일은 나를 영향력 있는 존재로 만들어 주었다. 처음엔 나를 변화시키고 싶어서 시작된 독서와 작은 실행들이 어느새

나를 밀어 올려 높은 신뢰를 만드는 사람으로 존재감을 나타내게 해주었다. 1,000일간 꾸준히 무언가를 해낸다는 것이 다른 사람에게 영향력을 줄 수 있는 시간이라는 것을 깨닫게 되면서 꾸준히 루틴을 만들어 가길 잘했다는 생각이 들었다. 1,000일을 보내는 동안 위기가 찾아오기도 했지만 결국 위기마저도 꾸준함으로 극복할 수 있었다. 나는 1,000일의 비밀을 안 뒤부터 모든 면에서 더 단단해지고 있다.

1,000일의 기적이란 단순히 하루하루를 버텨내는 것이 아니다. 하루가 지날 때마다 나를 레벨업해서 더 강하게 만들어 가는 것이다. 나라는 존재가 누군가에게 유의미한 존재가 될 때까지 나를 수양해나가는 과정이다. 하루하루 연명하는 소인배의 삶보다는 100일의 기적을 꾸준히 10번 만들어낼 수 있는 대인배의 삶으로 채워나가고 싶다.

단면적인 삶보다 입체적인 삶이 성공하는 이유

인생에도 사계절이 있다

····

추운 겨울이 되면 몸이 절로 움츠러든다. 동물들도 동면 상태에 들어간다. 내 인생 역시 한동안 너무 추워서 움츠러들기 바빴다. 하루하루가 냉혹한 추위와의 사투였다. 이렇게 긴 겨울이 지속될 줄 알았다면 겨울을 보낼 에너지와 식량을 넉넉히 비축해 두었어야 했는데…. 인생의 현상들은 언제나 지나고 난 후 깨달음을 선물로 준다. 겨우내 추위에 저항했다. 몸부림도 쳐보고, 추위를 피해 숨어보기도 하고, 언젠가 봄날이 오겠지 하며 스스로를 포기하려 했던 적도 있다. 그럴 때마다 점점 나약해져만 가는 내 모습이 못나 보여서 자존감은 늘 밑바닥 끝에서 올라올 생각을 하지 못했다. 일차원적인 삶, 단면적인 삶의 표상이었다.

지금 내 인생은 어느 계절을 지나고 있을까? 현재 내 인생은 겨울을 이겨내고 봄을 맞이할 준비 중이다. 가지 끝에 맺힌 봉우리처럼 봄이 되면 햇살을 받으며 움츠렸던 봉우리를 활짝 터뜨릴 것이다. 인생의 사계절을 잘 흘려보내는 방법은 결국 삶에서 가장 중요한 존재를 지켜내는 것이다. 내 삶에서 가장 중요한 존재는 누구일까? 바로 나 자신이다. 나 스스로가 자랑스럽고 만족할 때 의미 있는 인생이 된다. 그러므로 인생의 어느 계절을 지나고 있든 항상 스스로 기쁘고 자랑스러워질 만한 일을 먼저 해야 한다. 자랑스러워지는 일을 하다 보면 그 일이 점점 재미있어진다.

은퇴하지 않는 삶을 위해 경제적 자유를 꿈꾼다

••••

어떤 사람들은 인생은 열정이라고 말한다. 열정은 나를 고여 있게 만들지 않는다. 나를 항상 움직이게 하고, 변화하도록 유도한다. 어떤 것을 반드시 이룰 때까지 몰아붙이는 힘이다. 열정을 꺼뜨리지 않고 주변의 방해에 휘둘리지 않으려면 정확한 목표와 데드라인이 내 머릿속에 자석처럼 붙어 있어야 한다. 열정이 지속되면 실력은 언젠가 따라오기 마련이다.

나는 부자가 되기 위해 열정적으로 살고 있다. 내가 부자가 되고자 하는 목표는 시간과 경제적 자유를 얻기 위해서다. 그렇다면 시간과 경제적 자유를 이루고 나서 나는 무엇을 해야 할까? 만약 내 예상보다 일찍 시간과 경제적 자유를 이룬다면 앞으로 살아온

날보다 살아갈 날이 더 많이 남을 텐데 그때 나는 무엇을 해야 할까? 주변 사람들에게 이 질문을 하면 은퇴 후 내가 살고 싶은 삶을 살겠다고 말하는 분들이 많았다. 하지만 내 생각은 그것과 정반대다. 나는 은퇴하지 않기 위해 부자가 되려고 한다. 나는 죽기 직전까지 내 도움이 필요한 현장에 존재하고 싶다.

내 삶이 의미 있을 수 있는 이유는 내가 누군가에게 도움을 줄 수 있는 존재로 살고 있기 때문이다. 단순히 돈 많은 부자를 꿈꾸는 것은 내가 추구해나가는 부의 방향과 맞지 않는다. 나는 돈 많은 부자가 아니라 존경받는 부자를 꿈꾼다.

존경받는 부자로 평생을 살아가기 위해 가장 중요한 원칙 중 하나는 과정을 정직하게 이루어 가는 것이다. 정직한 과정을 밟아가는 사람에게만 주어지는 가장 큰 행복이 있다. 바로 오늘 하루 너무나 최선을 다해서 충분한 만족감으로 두 발 뻗고 잠들 수 있다는 사실이다. 내 마음이 편안하고 하루를 살아내는 만족감이 100%에 가깝다면 부자가 되어가는 정직한 삶을 살고 있다는 증거다. 그래서 나는 오늘도 충실한 과정을 쌓는 데 최선을 다할 뿐이다. 과정을 쌓아가는 데 은퇴란 존재할 수 없고, 의미도 없다. 경제적 자유가 주어지면 나는 더 많은 사람에게 아낌없이 나의 성공 노하우를 나눌 것이다. 그것이 세상에 내게 준 성공이라는 선물을 은혜 갚는 멋진 목표 아닐까?

단편적인 삶에서 입체적인 삶으로

....

부자가 되는 데 생각은 정말 중요한 자원이다. 그러나 많은 사람은 생각과 고민을 구별하지 않은 채, 전부 생각이라고 포장해 버린다. 우리는 생각과 고민을 구별해야 한다. 생각은 기회를 선물하고, 고민은 데미지를 준다. 유익한 생각엔 '어떻게'가 존재한다. 심각한 고민은 '내가 과연 해낼 수 있을까?'라는 물음이 존재한다. 되도록 생각이 고민으로 바뀌기 전에 실행단계로 옮기기 위한 아이디어를 찾아 즉시 실행을 시작해야 한다.

11년간 성공으로 향하는 길이 쉬운 길은 아니었다. 그러나 변하지 않는 사실은 누구에게나 그 과정을 쌓아가는 것은 필연적이라는 사실이다. 누구도 과정을 무시한 채 성공의 계단을 오를 수 없다. 꼭대기로 가는 길은 먼저 1층을 오르는 것이고, 그다음 10층을 향해 내딛는 것이다. 과정을 빼놓을 수 없다면 우리는 과정의 순간 순간들을 최선을 다해 믿어야 한다. 성공의 과정이 충실하지 않거나 정의롭지 않다면 언젠가 그 과정의 결과는 나에게 화살이 되어 날아올 것이다. 반면 내가 성공을 향해 나아가는 과정이 정직하고 진실하다면 그 과정은 확성기가 되어 퍼져 나갈 것이다. 결과가 화살이 되느냐, 확성기가 되느냐의 기준은 언제나 과정에 있다.

내 삶의 방향을 처음으로 바꿔주신 한 분께서 숫자 8의 의미를 알려주신 적이 있다. 8을 그대로 쓰면 단순한 8이지만 8을 옆으로 쓰면 무한대가 된다. 고개를 꼿꼿이 세운 채 걸어가다 보면 부러지고 넘어진다. 낮은 자세로 위험 신호를 미리 찾아내고 그것들을 제거하며 한 발 한발 나아가야 한다. 나의 능력이 무한해지려면 겸손하게 과정을 꾸준히 밟아내는 길뿐이다.

    과정을 밟는 인생은 단면적 인생이 아닌 입체적 인생이다. 뫼비우스의 띠는 단면으로 걸어갈 수 없다. 입체적 삶을 꿈꾼다면 무한함의 기적과 기회를 붙잡고 도전해 보자. 오늘의 실패가 실패로 끝나지 않는 이유는 실패를 통해 나를 더 사랑하는 방법을 배울 수 있었기 때문이다. 나는 스스로에게 망가지는 것을 멈춘 뒤에야 성공을 꿈꿀 수 있었다. 우리 모두 자신의 온전함 안에서 삶을 가장 빛나게 만드는 그 날을 맞이하길 바란다.

8
Peoples

10배 버는 힘으로 슈퍼 사이클을 만들어 낸 사람들

◎ **행동력 사례 1. 행동력으로 10배 빠르게 운명을 바꾼 남자**

　나는 오랫동안 단 하나의 삶을 꿈꿔왔다. 특별할 것 없는, 그저 건강하고 안정된 삶. 어릴 적 기관지 천식으로 병원을 자주 드나들며 '평범함'조차 간절히 바라야 했던 시절이 있었다. 취업하고, 승진하고, 때가 되면 결혼하고 가정을 꾸리는 삶. 그 전형적인 인생 경로가 내게는 최선의 미래였다. 그래서 주저 없이 공무원을 목표로 삼았고, 대학을 졸업하자마자 5년간 수험생활에 매달렸다. 하지만 현실은 달랐다. 합격은 결국 나에게 찾아오지 않았고, 속절없는 시간만 흘러갔다. 그저 '평범하겠다'는 삶이 얼마나 어려운 일인지 인생 처음으로 뼈저리게 깨달았다.

　수험 실패는 우울과 공황으로 이어졌고, 사람들과의 관계도 점점 멀어졌다. 그러던 어느 날, 수험 시절 아르바이트하던 입시 학원에서 정식 채용 제안을 받았고, 그렇게 담임 역할을 맡으며 예상치 못한 대학 입시 교육 현장에서의 삶이 시작되었다. 하지만, 곧이어 닥친 또 다른 위기, 코로나19. 극심한 업무 강도와 고립감 속에서 나는 신체적, 정서적으로 완전히 지쳐갔다. 그러던 어느 날 문득, 이런 생각이 들었다. "이대로는 안 되겠다. 이번 생, 진짜 제대로 한 번 살아보고 싶다!"

　그 결심 이후 일상의 루틴을 바꾸기 시작했다. 기상 시간을 조금씩 앞당기고, 책을 읽으며 주체적인 사고의 틀을 넓히고, 운동을 통해 무너진 체력을 회복했다. 흔히 말하는 자기계발서의 공식들을 하나씩 실천에 옮겨갔다. 그렇게 2년쯤 지났을까. 수많은 시행착오 끝에 나만의 루틴이 만들어졌고, 체력도 회복되었다. 하지만 여전히 알 수 없었다. 이 삶이 어디로 흘러가고 있는지. 이렇게 자기계발을 반복한다면 과연 내가 원하는 삶을 살 수 있을까 하는 물음표가 끊임없이 내 앞에 나타났다.

2024년, 경제적 침체로 인한 학원 운영의 위기를 겪으며 새로운 활로를 찾고자 마케팅 커뮤니티에 참여하여 새로운 도전을 시작했다. 그 과정에서 더 위즈덤의 강환규 대표님과 박서윤 이사님을 처음 만나게 되었다. 이후 '프리덤 그라운드 (구 타이탄 북클럽)'이라는 토요일 아침 7시 독서 모임에 참석하게 되었고, 그곳에서 나는 오랜만에 생각을 나누고 배우는 시간을 가졌다. 30여 명의 성인이 책을 매개로 삶을 돌아보는 이 공동체는 그동안 나 혼자만의 시선으로 해결하려 했던 문제들을 전혀 다른 관점에서 바라보게 해주었다.

그 무렵, 나는 데릭 시버스의 《진짜 좋아하는 일만 하고 사는 법》을 읽고 있었다. 저자는 버클리 음대 입학을 앞두고 졸업생 멘토에게 "대학에서 배워야 할 모든 내용은 몇 번의 수업으로 압축할 수 있다. 인생의 속도 제한만 풀 수 있다면 졸업까지도 단축할 수 있다."라는 조언을 듣는다. 그리고 실제로 그는 2년 반 만에 졸업을 해버린다. 나는 그 장면이 머릿속에 강하게 남아있었다.

그러던 어느 날, 대표님, 이사님과의 미팅 자리에서 인생 목표에 관한 이야기를 나누게 되었다. 내가 "언젠가 현재 다니고 있는 학원에서 독립하고 나만의 교육 콘텐츠와 프로그램을 제대로 하려면, 아마 10년은 걸릴 것 같아요."라고 말했을 때, 이사님과 대표님은 이렇게 말씀하셨다. "그 10년을 열 달로 줄여보는 건 어때요?" 그 순간, 내 머릿속에는 데릭 시버스의 이야기가 스쳐 지나가면서 내 인생의 속도 제한이 풀릴 때가 바로 지금임을 직감했다. 그렇게 나는 한 치의 망설임 없이 그 자리에서 행동력 수업을 등록했다.

10주간의 수업은 내게 분명히 알려주었다. '준비된 다음에 실행'이 아니라, '실행하면서 배우는 것'이 진짜 성장이라는 걸. 그렇게 완벽주의의 껍질을 하나씩 벗고, 작더라도 끝까지 해내는 경험을 반복하며 나는 마침내 7년 만에 퇴사를 결심했다. 그리고 정확히 10개월 뒤, 나만의 이야기를 담은 책을 써서 세상에 내놓았다. 작가라는 새로운 인생의 첫발을 내디뎠고, 지금은 강의와 코칭을 통해 또 다른 이들의 변화를 돕고 있다.

이 모든 변화의 출발점엔 언제나 '사람'이 있었다. 내 가능성을 먼저 알아봐 주고, 망설임 없이 이끌어준 사람들 말이다. 특히 강환규 대표님과 박서윤 이사님은 내가 나 자신을 의심하고 있을 때, 오히려 더 단단히 믿어주신 분들이다. 구체적인 삶의 방향을 제시해주셨다. 그리고 기꺼이 그 길을 함께 걸어가 주고 계신 나의 인생 멘토들이시다.

지금의 나는, 이 두 분의 만남이 있었기에 존재한다고 해도 과언이 아니다. 또한, 앞으로의 나 역시, 누군가의 속도를 풀어주는 사람이 되고 싶다는 새로운 목표를 갖게 해주셨다. 그래서 이 글을 빌려 진심으로 두 분께 감사의 인사를 드리고 싶다. 삶은 생각보다 훨씬 빠르게 바뀔 수 있다. 그리고 그 변화는 언제나 사람을 통해 시작된다. 진심 어린 인연은 결국, 그 사람과 함께한 시간을 내 인생의 방향으로 만들어 준다. 그렇게 내 인생의 속도 제한은 해제되었고, 더 위즈덤에서 찾은 인생의 전환점으로 나는 지금도 새로운 목표와 방향으로 달려가고 있다.

《버티는 힘》 저자 박병학

◎ **행동력 사례 2. 누구보다 행동력 강했던 성형외과 의사가 행동력을 통해 깨달은 한 가지**

나이 50을 앞둔 시점에서 낯선 이름의 인문학 강의를 권유받아 '행동력' 10주 과정에 등록하게 되었다. 행동력이란 무엇일까? 아마도 생각에만 그치지 말고 그것을 행동으로 이어나가는 힘을 기르고, 그리하여 인생을 더 나은 방향으로 이끌어 나가자는 강의일 것이다.

나의 10대, 20대, 30대는 늘 행동력이 충만한 시절이었다. 그때의 나는 모든 것이 새롭고 모든 것이 궁금했으며 모든 배움이 즐거웠고 모든 즐거움으로 한없이 행복했다. 생각하는 즉시 시도하는 것에 겁이 없었고 이에 따르는 많은 성공과 실패를 즐겁게 맞이하며 경험을 통해 배우는 것을 언제나 큰 기쁨으로 알았기에 행동력은 늘 차고도 넘치는 사람이었다. 그런 내게 행동력이라는 강의가 굳이 필요했을까?

행동력이 차고 넘치는 나는 듣는 순간 호기심이 생기는 이 낯선 제목의 강의를 결정함에 별 주저함이 없었다. 시간이 될지 안 될지, 강의료가 비싼지 싼지는 내가 하는 결정에 그리 큰 영향을 주지 않았다. 시간은 만들면 되고 그만큼의 돈은 벌면 그만이었다. 시간이 되냐 안 되냐는 내가 내 시간을 어디에 먼저 투자하느냐 결정하기에 달려있다. 이 강의가 비싸냐 아니냐는 내가 이 강의를 얼마나 가치 있게 소화하느냐 아니냐에 달려있다.

결국은 바로 행동하느냐 아니냐가 중요한 것이 아니라 결정을 한 이후에 하는 나의 행동이 그 선택의 모든 결과를 가치 있게 만들어 가는 것이기에 나는 통상 생각을 바로 행동으로 옮기는 데에는 망설임이 없고 그 행동을 시간 대비 최고의 가치투자가 되도록 노력하는 것에 최선을 다하는 편이다. 그렇게 별다른 망설임 없이 수강한 행동력 과정은 나에게 과연 어떤 선물 같은 시간이 되었을까?

사실 나는 40대 대부분의 시간을 병상에서 보냈다. 건강과 직업, 생기와 의욕 등 많은 것들을 잃고 시간을 그저 흘려보냈다. 일분 일 초도 허투루 쓰지 않고 최고 효율로 엔진을 돌리며 살아가는 것을 인생 최고의 가치로 알던 내가 하루, 이틀, 한 달, 일 년, 몇 년을 그냥 아무것도 하지 못한 채 흩날려버리던 그때. 할 수 있는 일이 하나도 없어, 오지도 않는 잠을 억지로 청하며 인생에 대해서도 참 많은 생각을 하게 되었다. 이 끝도 보이지 않는 사막을 혹시라도 살아나간다면 정말 완전히 다른 사람이 되어 나갈 수 있지 않을까 막연히 생각하곤 했다.

하지만 수년의 시간이 흘러 기적적으로 원래의 자리로 돌아가게 되었을 때 나는 전혀 변하지 않은 나를 마주할 수 있었다. 마치 잠시 접어놓았던 스프링을 다시 풀어놓은 것처럼 나는 정말 신기하게도 언제 쉬었냐는 듯 이전과 똑같은 방향과 속도로 거침없이 튀어 나가고 있었다. 그런데 와병 중에 내가 스스로에게 묻고 물었던 생각들이 경주마같이 달리던 내게 계속 말을 걸어왔다. "그렇게 앞만 보고 달리지 않아도 인생은 아름답다고 했잖아. 아무런 성과를 내지 않아도 살아있을 가치가 있다고 했잖아"

이런 부대낌 속에 행동력 강의를 등록했다. 행동력에서는 10주간 계속 같은 말을 했다. 자기 내면의 가능성을 믿고 책을 읽어 생각을 깨우치고 그것을 행동으로 옮겨서 부자가 되고 성공하라고 말이다. 나는 이미 나의 무한한 가능성에는 의심의 여지가 없으며 많은 책들을 읽어왔고 행동력은 과할 정도이며, 현재도 부자이고 나름 성공한 사람이지만, 행동력에서 하는 말에 내가 모르는 어떤 인생의 실마리가 있을까 하여 매주 귀를 기울였다.

10주간 읽으라는 33권의 필독서로는 부족해서 50권을 찾아 읽었다. 하라는 모든 숙제를 열심히 했고 인생의 의미와 진정한 부와 성공이 무엇일지, 왜 이제는 열심히 사는 것에 부대낌이 있는지에 대한 답을 찾기 위해 노력했다. 이 강의의 이름이 행동력이 아니라 그 무엇이었어도 나는 같은 답을 찾아 헤맸을 것 같다.

그러던 와중에 내가 알게 된 새로운 사실은 나에게는 미래에 대한 꿈이 없고 인생에 대한 기대가 없다는 것이다. 꿈을 적는 시간에 10분도 넘게 나는 한 글자도 적지 못했다. 나는 늘 "날아가면서 조립한다"라는 말을 쓴다. 이 말은 내가 얼마나 현실에 집중하며 사는지, 오늘에 모든 것을 걸고 사는지를 보여주는 말이자 내가 가장 좋아하는, 나를 표현하는 가장 정확한 말이다. 하지만 이 말은 곧 내가 얼마나 절박하게 오늘 하루를 사는지를 보여준다.

나에게 내일은 없을 수도 있다. 그렇기에 나는 내일 죽을 사람처럼 모든 것을 오늘 끝내고 오늘을 만끽하고 오늘을 완성하기 위해 애써왔다. 그래서 나는 늘 오늘 죽어도 여한이 없는데, 강환규 대표님은 나에게 오래 살아야 한다고 한다. 책을 50권을 읽어도 왜 오래 살아야 하는지는 아직 모르겠어서 100권까지 읽어봐야겠다고 생각이 들었다.

행동력에서 부에 대해 성공에 대해 많은 이야기를 하는데, 재미있는 것은 신기하게도 결국 그것은 인생의 참된 의미를 찾는 것으로 수렴된다는 것이다. 부자가 되자, 성공하자는 외침은 굉장히 세속적이고 단순해 보이지만, 오히려 그래야 사람들이 선뜻 이 길로 들어선다. 진정한 의미의 성공한 인생길을 찾는 그 초입에 말이다. 부자가 되기 위해, 성공하기 위해 자기의 부족한 점을 파악하고 깨우치고 채워 나가려 애쓰다 보면 진정한 의미의 부란 무엇인지, 진정한 의미에서의 성공이란 무엇인지 스스로에게 계속 되묻게 될 수밖에 없고, 결국에는 어떻게 사는 것이 인생을 충만하고 의미 있게 살아가는 것인지와 같은 원숙한 고민과 그 해답을 풀어나가는 데에 이르게 될 수밖에 없다.

인생이라는 큰 산을 두고 어디에서 등반을 시작하더라도 성실하게 그 목적지를 찾아 나서다 보면 정상에서 만나는 것은 다 같다고나 할까. 그래서 행동력에서의 질문은 단순하지만 단순하지 않고, 100배 부자가 되자는 외침은 세속적으로 보이지만, 결국, 사람들의 동반을 부추겨 그 진실한 여정을 시작하게라도 하려는 애씀처럼 느껴진다. 누구든 그 길을 떠나기만 한다면 부와 성공이라는 자잘한 약수터를 지나 진정한 인생의 성공이라는 충만감을 정상에서 맛볼 수 있을 테니까. 행동력 이후 나 역시 그런 길을 여전히 걸어가고 있는 중이다.

어디선가 자신의 가능성을 알지도 못한 채 쭈그려 앉아 있는 한 사람이 어서 자리를 털고 일어나 이 가슴 설레는 여정을 시작하기를 바라는 마음으로 저기 더 위즈덤 연구소에서 깃발을 마구 흔들며 서 있는 강환규, 박서윤 대표를 응원하며 10주간의 행동력 후기를 마친다.

〈휴머니티 성형외과〉 대표 원장
《유튜브 '당신은 참 예뻐요.'》 황진희

◎ **행동력 사례 3. 30억 자산을 이룬 비밀은 성장 마인드 셋 그리고 행동력**

얼마 전까지만 해도 저는 18년 차 평범한 세무공무원이었습니다.

안정적이긴 했지만, 보수적인 조직 안에서는 제 강점이 좀처럼 빛을 발하기 어려웠습니다.

그저 하루하루 주어진 일을 해내며 살아가고 있었습니다.

그러던 중, 더 위즈덤의 인공지능 특강에서 "AI가 행정업무까지 대체할 수 있다"라는 말을 듣고 깨달았습니다.

'이대로는 안 된다. 나는 어떤 사람이 되어야 하는가?' 이 질문이 마음 깊이 다가왔습니다.

그 이후 창의적으로 생각하는 사람이 되어야겠다는 결심을 하게 되었고, 5년간 매주 토요일 오전 7시, 더 위즈덤의 프리덤 그라운드 독서 모임에 참여하며 사고의 확장을 경험했습니다.

매주 더 위즈덤에서 선정한 양서를 읽고, 토요일 아침 7시에 삼삼오오 모여 독서 토론을 진행했습니다. 특히 강환규 대표님의 강의는 책의 내용을 더욱 깊이 있게 이해할 수 있도록 도와주었습니다.

그렇게 5년간 쌓아온 독서의 양은 실로 어마어마했습니다. 독서 모임이 없었으면 그렇게 꾸준히 책을 읽기가 쉽지 않았을 것입니다. 그동안의 독서는 제 생각의 깊이를 더해 주었고 직간접적으로 삶에 큰 변화를 가져왔습니다. 아이들과의 관계도 더욱 좋아졌으며, 미래를 위한 준비를 통해 제 삶은 에너지로 가득 채워졌습니다.

그중에서도 제 인생을 바꾼 결정적인 전환점은 바로 더 위즈덤에서 배운 '10주간의 행동력 코치과정'이었습니다. 행동력을 통해 저는 조직에서는 발휘하기 어려웠던 제 안의 보석 같은 강점을 발견하게 되었습니다. 행동력 코치과정을 완주하고 보니 제가 선택한 책들이 모두 '사업'에 관한 책들이라는 것도 알게 되었습니다. 매주 행동력 성과 발표를 준비하면서 확신하게 되었습니다.

"내 안에 사업가로서의 기질과 욕망이 있구나"

그리고 저는 결심했습니다.

"사업가로 살겠다."

공무원이라는 안정된 직장을, 그것도 40대 중반에 스스로 내려놓는 것은 결코 쉬운 일이 아니었습니다. 하지만 오랜 시간 쌓아온 독서를 통해 얻은 통찰과 행동력에서 배운 스스로의 가능성을 믿는 힘은 그 어려운 결단을 가능하게 만들어 주었습니다.

특히 세스 고딘의 《린치핀》에 나오는 이 문장이, 제 결심에 기름을 부었습니다.

"거대한 톱니바퀴가 되지 말고, 통찰과 선물을 나누는 린치핀이 되라."

행동력 코치과정 시간에 작성했던 선언문, 그 선언문을 쓴 지 2년이 흐른 지금, 저는 신기할 정도로 그 문장 그대로의 삶을 살아가고 있습니다. 어느새 제 삶은 매일 반복된 지시만 받던 평범한 공무원에서 매일 새로운 일을 기획하고, 글을 쓰고, 강연하는 사람으로 바뀌었습니다.

《직장인 불로소득》 저자, 재테크 코치 & 강연자, 그리고 〈제이앤머니〉 대표라는 키워드가 이제 저를 설명합니다.

저자이자 사업가로서의 다음 목표는 공공기관과 협업하여 공공 금융교육을 제공하고, 금융 취약계층에게도 '경제적 자립의 길'을 열어주는 것입니다. 이제 저는 "다른 이의 경제적 자유를 돕는 린

치편"으로 한 걸음 한 걸음 성장하고 있습니다. 변화무쌍한 세상에서 저를 변화시킬 수 있다는 것을 증명해 낼 수 있었던 힘은 행동력 과정에서 배운 나를 믿는 힘, 그리고 지식을 행동으로 바꾸는 능력에서 비롯되었습니다.

내가 진짜 원하는 삶, 진정한 내가 누구인지 스스로에게 묻고 있다면 행동하세요. 행동력을 통해 멋진 변화와 성장이 함께 하며 이 글을 읽는 모두가 경제적 자유를 이루시길 진심으로 바랍니다. 이 자리를 빌려 꾸준히 성장할 수 있는 환경을 만들어 주신 더 위즈덤 강환규 대표님, 박서윤 이사님께 진심으로 감사의 인사를 드립니다.

〈케이앤머니〉 대표

《직장인 불로소득》 저자 홍주하

◎ 행동력 사례 4. 영업 꼴지 지점을 전국 1등 지점으로 바꾼 리더의 비밀

지금 이 글을 쓰는 나는 꼴찌 영업조직에 발령받은 후 어떤 특별한 습관을 통해 조직의 생태계를 바꾸었고, 현재는 만년 꼴찌였던 조직을 전국 1등 영업 조직으로 변화시킨 후 그곳의 팀장으로 일하고 있다. 이 글에 그 비밀을 함께 나누고자 한다.

나에겐 아들과 딸, 두 자녀가 있다.

아이들이 초등학생이던 2017년 여름, 새로운 조직에서의 일어나는 일들은 나에게 많은 스트레스를 주었다. 퇴근하고 집에 돌아오면 정신적으로도, 체력적으로도 에너지가 바닥나 정작 내 아이들

을 위해서는 어떠한 것도 해주기 힘들었다.

아이들을 잘 키우고 싶었고, 누구보다 조직 생활도 잘하고 싶었지만 그럴수록 원하는 결과에서 멀어져가는 느낌이었다. 좋은 건 가족에게 먼저 알린다 했던가…. 동생이 소개해 준 독서 모임에서 아이들과 함께 책 읽는 문화부터 만들었던 나는 서서히 책을 통해 성장해야겠다고 다짐했다.

그때 만난 강환규 대표님과 박서윤 이사님.

"너무 바빠요."를 달고 살던 내게 행동력 코치 과정을 권하셨을 땐 이유가 있겠지 싶다가도 일과 육아 사이에 시간을 만들어야 하는 나에게 있어 부담스러운 제안이었다. 처음엔 얼떨떨한 마음에 어쩔 수 없이 시작하기도 했지만, 신기하게도 그때부터 나는 달라지기 시작했다.

피할 수 없는 나의 상황에 직면해 한 권 한 권 책을 읽고 배우며 실천하기 시작했다. 다독을 통해 스스로 책 속에 길이 있음을 확인한 것이다. 나 자신에게 부족한 결핍을 그렇게 채웠다.

책에서 배운 교훈을 가정에 적용했고, 나아가서는 일터에 적용했다. 책을 읽고 실행하며 깨달은 점들을 팀원들과 공유했고 같이 성장해 온 지 어느덧 8년.

조직과 아이를 같이 키운, 아니 같이 크는 동안 제일 먼저 성장한 것은 나 자신이었다. 조직에서 큰 성과를 하나둘 만들어 신임 지점장 중에서 드물게 '슈퍼 루키'를 수상했고, 내가 이끄는 조직을 '꼴찌'에서 '전국 1등'으로 이끄는 기적도 만들게 되었다.

그리고 그 과정에서 경험하며 몸소 배운 것들을 모아 《이렇게 소통하면 모두 리더가 된다》라는 책으로 출간하기도 했다. 혼자 힘들어하던 시간을 행동력으로 돌파해 내며 책을 꾸준히 읽어내던 시간들이 더해져 지금의 내가 되었다.

무엇보다 누군가 부러워하는, 겉으로 보이는 성공이 아닌 진짜 내게 중요한 걸 먼저 찾을 줄 아는 사람이 되었다는 것, 가장 소중한 존재인 나와 가족을 더욱 사랑하고 행복하게 되었다는 점이 가장 큰 변화이고 여러 사람들에게 알리고 싶은 점이다.

일과 직장, 관계에서 고민하는 누군가가 있다면 당장 독서 모임에서 책 한 장을 읽으라고 권하고 싶다. 변화는 바로 그날 있을 것이다.

〈기아 자동차〉 슈퍼 루키 & 팀장

《이렇게 소통하면 모두 리더가 된다》 저자 조소영

◎ 행동력 사례 5. 월급쟁이에서 파이프라인 창출 달인 사업가로 만들어 준 행동력의 기적

2024년 2월, 오랫동안 마음속에 품어왔던 '성장'에 대한 갈망과 앞으로의 삶의 방향을 분명히 하고 싶다는 바람으로 '행동력' 코치 과정에 참여하게 되었습니다. 반복되는 직장 생활 속에서 점점 약해지는 체력과 매달 받는 월급만으로는 감당할 수 없는 미래에 대한 불안이 점점 더 크게 다가왔고, 이제는 변화가 절실하다는 위기의식이 저를 움직이게 만들었습니다.

그렇게 '부(富)'라는 키워드를 중심으로 100일간의 여정을 시작하게 되었습니다. 이 여정은 단순한 자기계발이나 독서 프로그램이 아니었습니다. 매주 3~4권의 책을 읽고, 내용을 정리하고, 발표하는 과정을 통해 지식과 통찰을 쌓아가며, 퇴근 후 피곤한 몸을 이끌고 하루의 마무리 시간을 성장에 투자하는 시간이었습니다. 잠자는 시간을 줄여가며 책을 읽고, 스스로의 삶을 되돌아보는 이 과정은 제게 매우 소중한 경험이었고, 지금도 그 순간들을 떠올리면 마음 깊이 감사한 감정이 듭니다.

이 프로그램을 통해 그동안 막연했던 '부'에 대한 개념이 점점 명확해졌고, 단순히 돈을 많이 버는 것이 아닌 내가 원하는 삶의 기준이 무엇인지, 어떤 방향으로 살아가야 만족할 수 있을지를 조금씩 이해하게 되었습니다. 가장 큰 변화는 배움에 머무르지 않고, 그것을 실제 삶에 하나씩 적용해보며 행동하기 시작했다는 점입니다.

저는 2024년 3월, 네 개의 100일 목표를 스스로에게 부여했습니다. 체력 증진, 러닝 시작, 월급 외 수입 만들기, 블로그 글쓰기. 처음엔 막막하고 어색했지만, 운동화를 신고 처음 뛰었던 그 하루가 쌓여 점차 루틴이 되었고, 5월에는 10km 마라톤을 완주하며 뿌듯함을 느꼈습니다. 이어 10월에는 하프 마라톤까지 완주하게 되었고, 이는 단순한 운동을 넘어 저 자신과의 약속을 지켜낸, 말 그대로 '실천의 힘'을 체험한 소중한 경험이었습니다.

무엇보다도 제 인생에 있어 가장 큰 전환점은 2024년 5월, 오랜 직장 생활을 정리하고 스스로 수입을 만들어 보겠다는 결정을 내린 순간이었습니다. 이전에 기계 관련 분야에서 일했던 경험을 바탕으로, 해외 기계 부품 수출 관련 제안을 받아들였고, 직접 무역업에 도전하게 되었습니다. 모든 것이 낯설고 쉽지 않은 길이었지만, 두려움보다는 새로운 기회를 향한 의지가 더 컸습니다. 수출 과정 중 미국의 관세 문제로 잠시 어려움을 겪기도 했지만, 다행히 또 다른 직장에서의 제안을 받아들여 현재는 안정된 수입을 유지하면서도, 월급 외의 수익 창출을 실현해 나가고 있습니다.

이 과정을 돌아보면 단번에 인생이 바뀐 것이 아니라 매일 작은 선택과 실천이 쌓여 변화로 이어진 것임을 실감하게 됩니다. 눈에 띄게 변화한 삶일지도 모르지만, 그 밑바탕에는 단순하고도 꾸준한 실천의 연속이 있었을 뿐입니다. 하루하루 어제보다 조금 더 나은 오늘을 만들기 위한 노력이 모여 지금의 저를 만들었습니다.

지금도 여전히 저는 완벽하진 않습니다. 때로는 흔들리고, 새로운 도전 앞에서 망설이기도 합니다. 그러나 이제는 나 자신을 믿는 법을 배웠고, 넘어졌을 때 다시 일어설 수 있는 힘과 용기를 갖게 되었습니다. 그리고 이 모든 변화의 시작은 바로 '행동력'이었습니다. 생각을 멈추지 않고 작은 실천을 반복하는 힘이 얼마나 큰 변화를 가져올 수 있는지를 몸소 체험한 시간이었습니다. 이 자리를 빌려 저에게 이 여정의 출발점이 되어주신 더 위즈덤 대표님과 이사님께 진심으로 감사의 말씀을 전합니다. 처음엔 한 걸음 내딛는 것도 두려웠던 제가 이제는 멈추지 않고 나아갈 수 있게 된 것은,

따뜻하게 이끌어주신 분들이 있었기 때문입니다.

  앞으로도 저는 이 '행동의 힘'을 제 삶 전체로 확장해가고자 합니다. 삶의 방향이 흔들릴 때마다 다시 중심을 잡고, 더 나은 내일을 위해 꾸준히 움직이며 성장해 나가겠습니다. 그리고 이 길 위에서 지금보다 더 단단하고 성숙한 내가 되어 있을 미래를 기대하며 오늘도 한 걸음 앞으로 나아갑니다.

월급 외 파이프라인 부자 CWK

에필로그

다시 선택의 순간이 찾아왔다.
당신의 선택은?

    책을 집필하느라 겨우내 하지 못했던 집 정리를 하다가 올해 새해 첫날 적어둔 행운 노트를 발견했다. 올해가 시작되는 새해 첫날 가족 모두 이루고 싶은 5가지 목록을 정해 행운 노트에 적어둔 채 잊고 있었다. 행운 노트를 보는 순간 내 두 눈을 의심했다. 행운 목록 중 하나에 이렇게 적혀있었기 때문이다. '4월 책 집필 완료'(행운노트를 적을 때만 해도 출간 계획이 정해진 것은 어떤 것도 없었다.) 이 책의 집필이 최종 마무리된 날짜는 4월 20일이다.

    데자뷔를 아는가? 데자뷔란 처음 해 보는 일이나 처음 보는 대상, 장소 따위가 낯설게 느껴지지 않는 현상을 말한다. 누구나 데자뷔를 겪어본 적이 있을 것이다. 처음 있는 일, 처음 가는 장소인데 마치 이미 경험한 적이 있는 것 같은 기시감 같은 것 말이다.

    나는 행운 목록 중 하나가 이뤄진 것을 보고는 인생에서도 이런 데자뷔 현상이 종종 일어나게 된다는 것을 깨달았다. 성공하는 인생에서도, 실패하는 인생에서도 동일하게 이런 기시감 가득한 데자뷔 현상이 자주 반복된다. 왜 그럴까?

내가 감명 깊게 보았던 모건 하우절의 《불변의 법칙》 책이 그 해답을 알려준다.

탐욕과 두려움의 사이클

- 우리는 좋은 상황이 영원할 거라고 믿는다.
- 그러면 나쁜 이야기에 둔감해진다.
- 그다음엔 나쁜 이야기를 무시한다.
- 그다음엔 나쁜 이야기를 부인한다.
- 그다음엔 나쁜 상황 앞에서 패닉에 빠진다.
- 그다음엔 나쁜 상황을 받아들인다.
- 이제 나쁜 상황이 영원할 거라고 믿는다.
- 그러면 좋은 이야기에 둔감해진다.
- 그다음엔 좋은 이야기를 무시한다.
- 그다음엔 좋은 이야기를 부인한다.
- 그다음엔 좋은 상황을 받아들인다.
- 이제 좋은 상황이 영원할 거라고 믿는다.

〈모건 하우절 / 불변의 법칙〉

이 사이클이 과연 한 개인의 이야기일 뿐일까? 사이클을 크게 돌려보면 국가의 역사도 이렇게 사이클이 반복된다.

사람의 마음이란 절대 합리적이거나 논리적이지 않기 때문이다. 오히려 탐욕과 두려움을 기반으로 한 선택들로 점철된 결과들이 쌓이고 쌓이다 보면 팽창과 축소 현상이 반복해서 일어날 뿐이다.

이것을 한 사람의 인생에 대입해 본다면 어떻게 될까? 인간의 '본성에 충실한 습관'에 의한 무의식적 선택들이 많아질수록 인생의 암울한 결과들을 계속 반복해서 만나야 한다. 이런 암울한 사이클의 굴레를 벗어나려면 어떻게 해야 할까?

인생의 데자뷔 효과를 영리하게 활용하면 된다. 아직 일어나지 않은 미래가 마치 일어난 것처럼 생생하게 뇌에 새겨 넣는 것이다. 마치 그 미래가 나에게 데자뷔처럼 오버랩되면서 다시 만날 것을 기대하며 행동해 보는 것이다. (우리 부부는 매일 아침 모닝 퓨처로 만나고 있다.) 이때 핵심은 반복, 반복, 또 반복하는 것이다. 매일 아침, 저녁으로 생생하게 뇌에 미래에 일어날 일을 미리 알려주다 보면 뇌는 그 메시지를 진실로 받아들이고 현실을 차츰 바꿔가며 데자뷔 현상이 자주 반복해서 나타나게 해줄 것이다.

그런데 문제는 이 지점에서부터 발현된다. 이 사실을 알면서도 행동하지 않고 머리로만 아는 '노잉 두잉 갭(Knowing - Doing Gap)'이 생기게 되는 것이다. 인간의 본성은 편하고자 하기 때문에 새로운 이미지를 떠올려 뇌에 새겨 주는 것은 깊게 생각하는 것만큼 귀찮은 일로 여겨진다. 원하는 미래를 뇌 속에 뚜렷하게 그려가는 대신 점차 현실에 만족하는 삶을 살게 될 확률이 높아진다. 만약 데자뷔 현상이 실패한 인생에도 나타나고, 성공한 인생에도 동일하게 나타난다면 어떤 인생으로 살아야 하는지 우리는 이미 답을 알고 있다. 다만 '지금도 충분히 만족해!'라는 내면의 목소리에 잠식당할 뿐이다.

하지만 잊지 말아야 할 중요한 법칙이 있다. '자유'는 공짜가 아니라는 사실이다. 진정으로 원하는 자유를 얻기 위해서는 그만한 시간과 비용, 대가가 따른다. 큰 부를 이뤄가다 보면 생각의 자유, 시간의 자유, 경제적 자유라는 보상과 마주하게 된다. 이 자유들은 대부분 귀찮고 번거로운 일들과 유의미한 스트레스, 불확실성 가운데 태어나고 지켜진다. 본능에 타협하지 않고 행동한 대가가 바로 '자유'라는 말이다.

따라서 이 책을 읽고 나서 성공 에너지에 반짝 불타오른 나를 발견했다는 사실에 만족하며 책을 덮는 일이 없기를 바란다. 반복해서 생각하고 행동하지 않으면 반드시 다시 예전의 생각대로 살게 되고, 그렇게 되면 다시 미래에 꿈으로부터 멀어지고 둔감해진 나로 살아가게 될 것이다.

그렇다면 이제 선택해야 하지 않을까?

힘들고 귀찮고, 번거로운 생각과 행동들을 꾸준히 해내서 부와 자유를 이룬 자유인이 될지, 쉽고 편하고, 안전하고, 이미 정해진 길을 걸어가며 만성적 나태함으로 인한 불행을 겪안을 부자유인이 될지 말이다. 다시 상기하자. 누구라도 데자뷔 현상을 동일하게 활용해서 자유인 또는 부자유인이 될 수 있다.

이 책을 읽는 모든 독자들이 실패한 인생에서 성공으로 향하는 인생으로 바뀐 우리 부부의 노하우를 활용해서 머지않은 미래에 자유인의 인생을 사는 데자뷔 현상을 꼭 맛보았으면 한다. 이제 선택할 시간이다. 당신의 선택은 무엇인가?

마지막으로 모건 하우절의 말을 덧붙이며 당당한 자유인이 된 당신의 미래를 미리 축복해 본다.

"힘든 길이 옳은 길이다.
과거에도 그랬고, 앞으로도 그럴 것이다.
늘 변함없이"

영업력의 신 강환규
행동력의 신 박서윤